WILLIAM SHAKESPEARE
(1564-1616)

WILLIAM SHAKESPEARE nasceu e morreu em Stratford, Inglaterra. Poeta e dramaturgo, é considerado um dos mais importantes autores de todos os tempos. Filho de um rico comerciante, desde cedo Shakespeare escrevia poemas. Mais tarde associou-se ao Globe Theatre, onde conheceu a plenitude da glória e do sucesso financeiro. Depois de alcançar o triunfo e a fama, retirou-se para uma luxuosa propriedade em sua cidade natal, onde morreu. Deixou um acervo impressionante, do qual destacam-se clássicos como *Romeu e Julieta, Hamlet, A megera domada, O rei Lear, Macbeth, Otelo, Sonho de uma noite de verão, A tempestade, Ricardo III, Júlio César, Muito barulho por nada* etc.

Obras do autor na Coleção **L&PM** POCKET:

As alegres matronas de Windsor – Trad. de Millôr Fernandes
Antônio & Cleópatra – Trad. de Beatriz Viégas-Faria
Bem está o que bem acaba – Trad. de Beatriz Viégas--Faria
A comédia dos erros – Trad. de Beatriz Viégas-Faria
Como gostais / Conto de inverno – Trad. de Beatriz Viégas-Faria
Hamlet – Trad. de Millôr Fernandes
Henrique V – Trad. de Beatriz Viégas-Faria
Júlio César – Trad. de Beatriz Viégas-Faria
Macbeth – Trad. de Beatriz Viégas-Faria
Medida por medida – Trad. de Beatriz Viégas-Faria
A megera domada – Trad. de Millôr Fernandes
O mercador de Veneza – Trad. de Beatriz Viégas-Faria
Muito barulho por nada – Trad. de Beatriz Viégas-Faria
Noite de Reis – Trad. de Beatriz Viégas-Faria
Otelo – Trad. de Beatriz Viégas-Faria
O rei Lear – Trad. de Millôr Fernandes
Ricardo III – Trad. de Beatriz Viégas-Faria
Romeu e Julieta – Trad. de Beatriz Viégas-Faria
Shakespeare de A a Z (Livro das citações) – Org. de Sergio Faraco
Sonho de uma noite de verão – Trad. de Beatriz Viégas-Faria
A tempestade – Trad. de Beatriz Viégas-Faria
Tito Andrônico – Trad. de Beatriz Viégas-Faria
Trabalhos de amor perdidos – Trad. de Beatriz Viégas-Faria

Leia também na Coleção **L&PM** POCKET:

Shakespeare – Claude Mourthé (Série Biografias)

WILLIAM SHAKESPEARE

Bem está o que bem acaba

Tradução de BEATRIZ VIÉGAS-FARIA

www.lpm.com.br

Coleção **L&PM** POCKET, vol. 630

Texto de acordo coma nova ortografia.

Título do original em inglês: *All's Well that Ends Well*
Edição consultada para esta tradução: *The New Cambridge Shakespeare*;
Edited by Russell Fraser (Cambridge: Cambridge University Press, 2003)

Primeira edição na Coleção **L&PM** POCKET: agosto de 2007
Esta reimpressão: 2016

Capa: Ivan Pinheiro Machado sobre gravura colorizada de William Shakespeare (1564-1616), © Rue des Archives
Tradução: Beatriz Viégas-Faria
Revisão: Jó Saldanha e Elisângela Rosa dos Santos

CIP-Brasil. Catalogação na fonte
Sindicato Nacional dos Editores de Livros, RJ

S539b

Shakespeare, William, 1564-1616
    Bem está o que bem acaba / William Shakespeare ; tradução Beatriz Viégas-Faria. – Porto Alegre: L&PM, 2016.
   144p. – (Coleção L&PM POCKET; v. 630)

   Tradução de : *All's Well that Ends Well*
   ISBN 978-85-254-1662-9

   1. Teatro inglês (Literatura). I. Viégas-Faria, Beatriz II. Título.

07-2689.   CDD 822
                             CDU 821.111-2

© L&PM Editores, 2007
© Para utilização profissional desta tradução, dirigir-se a beatrizv@terra.com.br.

Todos os direitos desta edição reservados a L&PM Editores
Rua Comendador Coruja, 314, loja 9 – Floresta – 90.220-180
Porto Alegre – RS – Brasil / Fone: 51.3225-5777 – Fax: 51.3221.5380

Pedidos & Depto. comercial: vendas@lpm.com.br
Fale conosco: info@lpm.com.br
www.lpm.com.br

Impresso na Gráfica Editora Pallotti, Santa Maria, RS, Brasil
2016

VIDA E OBRA

WILLIAM SHAKESPEARE nasceu em Stratford-upon-Avon, Inglaterra, em 23 de abril de 1564, filho de John Shakespeare e Mary Arden. John Shakespeare era um rico comerciante, além de ter ocupado vários cargos da administração da cidade. Mary Arden era oriunda de uma próspera família. Pouco se sabe da infância e da juventude de Shakespeare, mas imagina-se que tenha frequentado a escola primária King Edward VI, onde teria aprendido latim e literatura. Em dezembro de 1582, Shakespeare casou-se com Ann Hathaway, filha de um fazendeiro das redondezas. Tiveram três filhos.

A partir de 1592, os dados biográficos são mais abundantes. Em março, estreou no Rose Theatre de Londres uma peça chamada *Harry the Sixth*, de muito sucesso, que foi provavelmente a primeira parte de *Henrique VI*. Em 1593, Shakespeare publicou seu poema *Vênus e Adônis* e, no ano seguinte, o poema *O estupro de Lucrécia*. Acredita-se que, nessa época, Shakespeare já era um dramaturgo (e um ator, já que os dramaturgos na sua maior parte também participavam da encenação de suas peças) de sucesso. Em 1594, após um período de poucas montagens em Londres, devido à peste, Shakespeare juntou-se à trupe de Lord Chamberlain. Os dois mais célebres dramaturgos do período, Christopher Marlowe (1564-1593) e Thomas Kyd (1558-1594), respectivamente autores de *Tamburlaine, o judeu de Malta* e *Tragédia espanhola*, morreram por esta época, e Shakespeare encontrava-se pela primeira vez sem rival.

Os teatros de madeira elisabetanos eram construções simples, a céu aberto, com um palco que se projetava à frente, em volta do qual se punha a plateia, de pé. Ao fundo, havia duas portas, pelas quais atores entravam e saíam. Acima, uma sacada, que era usada quando tornava-se necessário mostrar uma cena que se passasse em uma ambientação secundária. Não havia cenário, o que abria toda uma gama de versáteis possibilidades, já que, sem cortina, a peça começava quando entrava o primeiro ator e terminava à saída do último, e simples objetos e peças de vestuário desempenhavam importantes funções para localizar a história. As ações se passavam muito rápido. Devido à proximidade com o público, trejeitos e expressões dos atores (todos homens) podiam ser facilmente apreciados. As companhias teatrais eram formadas por dez a quinze membros e funcionavam como cooperativas: todos recebiam participações nos lucros. Escrevia-se, portanto, tendo em mente cada integrante da companhia.

Em 1594, Shakespeare já havia escrito as três partes de *Henrique VI*, *Ricardo III*, *Tito Andrônico*, *Dois cavalheiros de Verona*, *Trabalhos de amor perdidos*, *A comédia dos erros* e *A megera domada*. Em 1596, morreu o único filho homem de Shakespeare, Hamnet. Logo em seguida, ele escreveu a primeira das suas peças mais famosas, *Romeu e Julieta*, à qual seguiram-se *Sonho de uma noite de verão*, *Ricardo II* e *O mercador de Veneza*. *Henrique IV*, na qual aparece Falstaff, seu mais famoso personagem cômico, foi escrita entre 1597-1598. No Natal de 1598, a companhia construiu uma nova casa de espetáculos na margem sul do Tâmisa. Os custos foram divididos pelos diretores da companhia, entre os quais Shakespeare, que provavelmente já tinha alguma fortuna. Nascia o Globe Theatre. Também é de 1598 o reconhecimento de Shakespeare como o mais importante dramaturgo de língua inglesa: suas peças, além de atraírem milhares de espectadores para os teatros de madeira, eram impressas e vendidas sob a forma de livro – às vezes até mesmo pirateados. Seguiram-se *Henrique V*, *Como gostais*, *Júlio César* – a primeira das suas tragédias da maturidade –, *Troilo e Créssida*, *As alegres matronas de Windsor*, *Hamlet* e *Noite de Reis*. Shakespeare escreveu a maior parte dos papéis principais de suas tragédias para Richard Burbage, sócio e ator, que primeiro se destacou com *Ricardo III*.

Em março de 1603, morreu a rainha Elisabeth. A companhia havia encenado diversas peças para ela, mas seu sucessor, o rei James, contratou-a em caráter permanente, e ela tornou-se conhecida como King's Men – Homens do Rei. Eles encenaram diversas vezes na corte e prosperaram financeiramente. Seguiram-se *Bem está o que bem acaba* e *Medida por medida* – suas comédias mais sombrias –, *Otelo*, *Macbeth*, *Rei Lear*, *Antônio e Cleópatra* e *Coriolano*. A partir de 1601, Shakespeare escreveu menos. Em 1608, a King's Men comprou uma segunda casa de espetáculos, um teatro privado em Blackfriars. Nesses teatros privados, as peças eram encenadas em ambientes fechados, o ingresso custava mais do que nas casas públicas de espetáculos, e o público, consequentemente, era mais seleto. Parece ter sido nessa época que Shakespeare aposentou-se dos palcos: seu nome não aparece nas listas de atores a partir de 1607. Voltou a viver em Stratford, onde era considerado um dos mais ilustres cidadãos. Escreveu então quatro tragicomédias, subgênero que começava a ganhar espaço: *Péricles*, *Cimbelino*, *Conto de inverno* e *A tempestade*, sendo que esta última foi encenada na corte em 1611. Shakespeare morreu em Stratford em 23 de abril de 1616. Foi enterrado na parte da igreja reservada ao clero. Escreveu ao todo 38 peças, 154 sonetos e uma variedade de outros poemas. Suas peças destacam-se pela grandeza poética da linguagem, pela profundidade filosófica e pela complexa caracterização dos personagens. É considerado unanimemente um dos mais importantes autores de todos os tempos.

SUMÁRIO

Prefácio – *Beatriz Viégas-Faria* 11

Bem está o que bem acaba 17
   Personagens 18
   Primeiro Ato 19
   Segundo Ato 42
   Terceiro Ato 75
   Quarto Ato 96
   Quinto Ato 124
   Epílogo 143

Sobre a tradutora 144

PREFÁCIO

O intrincado enredo de *Bem está o que bem acaba* começa da seguinte maneira: na França, Bertram acaba de perder o pai e é o novo Conde de Rossillion, partindo então para a corte, em Paris, como tutelado do Rei. Helena, filha do médico da família Rossillion (uma plebeia) e apaixonada por Bertram (um nobre), também acaba de perder o pai. O Rei está enfermo, desenganado pelos médicos da corte. Helena, para não ficar longe de seu amado, vai à corte e oferece-se para curar o Rei com um remédio que seu pai formulou e deixou para ela como herança. Combina com o Rei que, se ele não se curar, ela perde a vida; se ele se curar, ela pode escolher, entre os tutelados do Rei – todos membros da nobreza –, um marido.

All's Well that Ends Well, convencionalmente classificada como comédia dentro da obra dramatúrgica de Shakespeare, mais recentemente tem sido considerada uma das "peças de problemas" (*problem plays*) do autor. Uma vez que não se acomoda ao modelo tradicional de comédia – pois este pede por um final feliz que atenda às necessidades de resolução de mal-entendidos, desencontros e obstáculos aos protagonistas –, *Bem está o que bem acaba* frustra sua audiência quando acaba e nada está bem. A perspectiva de um "e viveram felizes para sempre" não existe. O final fica em aberto, e as projeções possibilitadas pelo enredo quanto ao futuro do casal são sombrias.

Para o leitor da presente tradução, tentou-se preservar todos os encantos de uma peça que mostra, de modo não característico para o século em que foi originalmente escrita, uma mulher (Helena) com poderes de cura medicinal e com habilidades estratégicas que lhe garantem um poder inusitado: escolher o próprio marido. Ora, em um mundo eminentemente masculino, onde o homem escolhe a noiva e o pai escolhe com qual pretendente a filha se casa, o noivo (da nobreza) escolhido por Helena (da plebe) só pode sentir-se diminuído e emasculado. Como é por ordem do Rei que se efetuará o casamento, vê-se o rapaz em um beco sem saída – ou casa sem ter escolhido a noiva, ou desobedece à ordem do Rei e, ao desagradá-lo, corre o risco até mesmo de ser condenado à morte por traição. Esse é um impasse único na dramaturgia shakespeariana, que contribui para fazer de *Bem está o que bem acaba* um texto rico para encenação e um texto fascinante para leitura.

Além de ser uma "peça de problemas" em função do final e da complexidade do enredo (como no exemplo mencionado), temos um Shakespeare que nos presenteia com uma comédia sombria. A peça conta com duas personagens que são vilipendiadas em público, quais sejam, Bertram e, antes dele, Parolles, seu amigo no começo da peça, que vem a ser um soldado covarde, um homem cheio de palavras (*parolles*, em francês), muito discurso cheio de promessas e nenhuma ação que cumpra o prometido. Os dois são interrogados e, durante os exames a que são submetidos, eles mentem, traem, criam justificativas para seus atos e palavras, desmentem-se, voltam atrás – e são colocados contra a parede sem escapatória. Essas duas cenas de desnudamento moral das personagens contribuem para que *Bem está o que bem acaba* receba o rótulo de comédia sombria.

O leitor atento da peça irá notar que o texto tem inconsistências. Por exemplo, há uma personagem que entra em cena e depois não há rubrica para sua saída de cena: o Bobo da Corte, Lavatch, entra no começo da

Cena II do Terceiro Ato. Depois, a personagem sai para mais adiante voltar ao palco. Quando se dá por encerrada a cena, outras personagens já fizeram suas saídas: a Condessa de Rossillion (mãe de Bertram) e dois lordes; ao fim, sai Helena, mas não há indicação para a saída de Lavatch e, no entanto, ele não participa da cena seguinte. Temos, para citar outro exemplo, uma personagem, de nome Violenta (3,V) que não tem nenhuma fala; nenhuma ação é atribuída a ela de acordo com o texto, e sua presença em cena não acrescenta absolutamente nada ao enredo.

Além disso, também há inconsistências e variações nas falas das personagens; para citar um exemplo, no Quinto Ato, Helena começa a ser chamada de Helen. Dizem os estudiosos que a primeira publicação de *All's Well that Ends Well*, na edição in-fólio de 1623, deve ter sido feita a partir dos rascunhos (*foul papers*) de Shakespeare. Esta é uma peça cujo texto original, manuscrito, não parece ter sido passado a limpo por um copista. (Teria sido a função do copista justamente limpar o texto de suas inconsistências, isto é, "aparentes erros e confusões".) Também se especula que as inconsistências e variações seriam indicativas de um trabalho em andamento. De qualquer modo, os pesquisadores imaginam que o texto, em sua versão para servir de roteiro a ensaios e encenações, ficava (por ser mais valioso para a companhia de teatro) trancado no acervo shakespeariano e não teria sido cedido aos editores para sua publicação em 1623. O manuscrito cedido teria sido então o último rascunho completo da peça, considerado por Shakespeare como pronto para ser passado a limpo.

Quanto aos pontos que o texto de *All's Well that Ends Well* tem a oferecer como desafios ao tradutor, os trocadilhos são, de forma gritante, ocorrências exemplares de dificuldade ao processo tradutório. Para citar um caso, temos no texto-fonte (3, II):

Exit [Lavatch]

[COUNTESS] [*Reads*] *a letter* – 'I have sent you a daughter-in-law; she hath recovered the king, and undone me. I have wedded her, not bedded her, and sworn to make the "not" eternal. You shall hear I am run away; know it before the report came. If there be breadth enough in the world, I will hold a long distance. My duty to you.

Your unfortunate son,
Bertram'

e temos nesta tradução brasileira:

CONDESSA *[lendo a carta]* – "Envio-lhe uma nora; ela recuperou a saúde do rei e arruinou a minha. Casei, mas não me deito com ela, e este 'não' eu jurei a mim mesmo: é eterno."

LAVATCH – Decisão cabal: nada de cabaço!

Sai.

CONDESSA *[lendo]* – "A senhora ficará sabendo que fugi; saiba então antes que lhe contem. Se o mundo for grande o suficiente, fico longe. Receba o respeitoso abraço de seu desaventurado filho,

Bertram."

Aqui, a solução para o trocadilho da palavra *not* (não) com a palavra *knot* (hímen), ambas de mesma pronúncia, foi inserir um aparte de Lavatch (o Bobo) – a linguagem desse aparte não seria apropriada à Condessa, mas sintoniza-se com outras falas do Bobo. Essa solução tradutória para manter a ideia de hímen no texto obrigou a um deslocamento da rubrica que indica a saída de cena de Lavatch. Perdeu-se o trocadilho, porém ganhou-se um jogo de palavras com o eco criado por "cabal/cabaço" dentro de um ritmo imposto à fala.

Cada tradução de um texto shakespeariano é um desafio, porque o resultado inclui um processo que se inicia com *uma* leitura do texto, sendo que o texto na verdade se apresenta em várias nuances – o que inclui, por sua vez, várias possibilidades de leitura. Procurei entregar ao leitor brasileiro um texto que também lhe permita várias possibilidades de leitura em suas nuances (re)construídas; procurei uma tradução que preservasse igualmente implícitos em português a maioria dos subentendidos do texto em inglês.

Beatriz Viégas-Faria
Porto Alegre, maio de 2007.

BIBLIOGRAFIA

SHAKESPEARE, William. *All's Well that Ends Well*. Edited by Russell Fraser. The New Cambridge Shakespeare. Cambridge: Cambridge University Press, 2003.

SOARES DOS SANTOS, Marlene. Rindo com o Bardo. *Entre-Clássicos nº 2: Shakespeare*. ISBN 8599535-10-2. Especial EntreLivros. São Paulo: Duetto, maio 2006. p. 64-75.

Bem está o que bem acaba

PERSONAGENS

Rei da França

Duque de Florença

Bertram, Conde de Rossillion

Lafew, um velho lorde

Parolles, um acompanhante de Bertram

Os irmãos **Dumaine**, dois lordes franceses a serviço do exército florentino

Rinaldo, intendente da Condessa

Lavatch, um bobo da corte a serviço da Condessa

Um **Pajem**

Um **Mensageiro**

Condessa de Rossillion, mãe de Bertram

Helena, uma jovem dama, protegida da Condessa

Viúva Capileto, de Florença

Diana, sua filha

Violenta e Mariana, vizinhas e amigas da Viúva

Um **Cavalheiro**, falcoeiro da nobreza

Lordes franceses e florentinos, **Serviçais**, **Soldados**, **Cidadãos**

PRIMEIRO ATO

CENA I – NO PALÁCIO DO CONDE DE ROSSILLION.

Entram o jovem Bertram (Conde de Rossillion), sua mãe (a Condessa), Helena e Lorde Lafew, todos de preto.

CONDESSA – Ao entregar o meu filho para o mundo, estou enterrando um segundo marido.

BERTRAM – E eu, ao partir, minha mãe, choro uma vez mais a morte de meu pai. Mas preciso acatar as ordens de Sua Majestade, pois que agora estou sob a tutela do rei e sou, portanto, mais do que nunca, seu súdito.

LAFEW – A senhora verá que no rei passa a ter um marido, madame; e você, *sir*, um pai. Ele, que, de modo geral e para o povo em geral, mostra bondade em todos os momentos, deve necessariamente manter para com vocês sua conduta virtuosa costumeira, ainda mais que uma família valorosa como a sua incentivaria no rei outras virtudes, caso ele não as tivesse, antes de incentivar virtudes que ele tem em abundância.

CONDESSA – Quais são as esperanças de recuperação de Sua Majestade?

LAFEW – Ele já desistiu dos médicos, madame. Com os tratamentos, persistiu na esperança de ganhar mais tempo, mas agora não vê nenhuma vantagem no processo curativo, a não ser a de perder as esperanças com o passar do tempo.

CONDESSA – O pai desta jovem dama aqui possuía (ah, como soa triste esta palavra: "possuía", no pretérito) habilidades quase tão grandes quanto sua honestidade; fossem elas tão grandes quanto, e ele teria tornado a natureza imortal, e a morte ia perder o emprego por falta de ter o que fazer. Se pelo menos ele estivesse vivo, para o bem de Sua Majestade. Penso que seria a morte da doença do rei.

LAFEW – Como se chamava esse homem de quem a senhora está falando, madame?

CONDESSA – Ele foi famoso em sua profissão, *sir*, e muito merecidamente: Gerard de Narbon.

LAFEW – Ele era mesmo excelente, madame. O rei ainda há pouco tempo falou dele com admiração e com pesar por sua morte. Ele tinha habilidades suficientes para viver para sempre, se o conhecimento pudesse fazer frente à mortalidade.

BERTRAM – De qual doença, meu bom lorde, padece o nosso rei?

LAFEW – Ele tem uma fístula, milorde.

BERTRAM – Nunca ouvi falar disso.

LAFEW – Bem que eu gostaria que não fosse um problema notório. Esta jovem dama é filha de Gerard de Narbon?

CONDESSA – Filha única, meu lorde, e ficou para mim, como legado, tê-la sob meus cuidados. Ela foi criada de tal maneira que promete ser pessoa de muita integridade e de bom coração, assim espero. As aptidões que tem são herdadas, o que torna a sua boa educação ainda melhor. Quando uma pessoa tem uma natureza poluída mas carrega em si qualidades virtuosas, estas qualidades recomendam, mas é com um sentimento de pena: são virtudes que enganam. Nesta moça, não há mistura; suas virtudes são totalmente puras. Herdou do pai a honestidade; ser íntegra e boa é mérito dela.

LAFEW – Suas palavras, madame, umedecem de lágrimas os olhos da moça.

CONDESSA – Essa é a melhor salmoura para uma donzela temperar os elogios que recebe. Sempre que a lembrança do pai toca-lhe o coração, a tirania de sua dor rouba-lhe das faces a cor. Agora basta, Helena. Vamos lá, chega, senão vai parecer que você mostra uma dor que não sente.

HELENA – Eu realmente mostro uma dor, mas eu também sinto uma dor.

LAFEW – Lamentos moderados são um direito dos mortos; o luto em excesso é um inimigo dos vivos.

CONDESSA – Se os vivos são inimigos do luto, prantear o morto em excesso mata o luto mais cedo.

BERTRAM – Senhora minha mãe, estou esperando pelos seus votos.

LAFEW – Como é que se deve entender isso?

CONDESSA – Que tu sejas abençoado, Bertram, e sucedas ao teu pai em corpo e comportamento. Que teu sangue e tuas virtudes lutem por obter soberania em ti, e que tua bondade compartilhe a soberania com teu berço de conde. Ame a todos, confie em poucos e não prejudique ninguém. Que tu tenhas forças suficientes para enfrentar teus inimigos, mas que não precises usá-las de fato. Zela pela vida de teus amigos como se estivesses zelando por tua própria vida. Que te reprovem pelo teu silêncio, mas que jamais te censurem por falar demais. Que recaia sobre ti tudo o mais que os céus possam desejar, que tu possas fornecer e que minhas orações te possam conceder. *[Dirigindo-se a Lafew:]* Adeus, milorde. Esse é um cortesão ainda muito cru. Meu bom homem, dê-lhe conselhos.

Lafew – A ele não faltarão as vantagens que acompanham a devoção de um nobre ao seu rei.

Condessa – Que os céus abençoem o meu filho! *[Dirigindo-se a Bertram:]* Adeus, Bertram.

Sai.

Bertram – Que fiquem a seu serviço, minha mãe, os melhores votos que possam ser forjados em seus pensamentos. *[Dirigindo-se a Helena:]* Console a sua senhora minha mãe e acompanhe-a sempre, colocando-se sempre às ordens.

Lafew – Adeus, linda senhorita. Você deve fazer jus à reputação de seu pai.

Saem Bertram e Lafew.

Helena – Ah, se isso fosse tudo! Nem estou pensando em meu pai, e estas enormes lágrimas vêm honrar sua memória mais que tudo que por ele chorei. Como era mesmo o meu pai? Esqueci dele. Minha imaginação não tem lugar para outro rosto que não seja o de Bertram. Estou acabada! Não há mais vida, nenhuma, se Bertram vai embora. Dava tudo no mesmo, eu amar um determinado ponto brilhante entre as estrelas do céu e querer me casar com ele, tão acima de mim ele está. É na auréola de seu brilho radiante, é na luz colateral por ele refletida que devo procurar consolo, e não no seu cerne, na sua esfera propriamente dita. A ambição do meu amor é a praga do meu amor. A corça que quer se deixar acasalar pelo leão deve morrer por amor. Era bonito, embora fosse uma praga, ver Bertram a toda hora; sentar e desenhar suas sobrancelhas arqueadas, o olhar penetrante, o cabelo cacheado, no caderno do meu coração, um coração suscetível demais a cada linha e a cada movimento da expressão de seu doce rosto. Mas agora ele se foi, e a minha imaginação, por idolatrá-lo tanto, precisa agora adorar essas relíquias da memória. Quem vem aí?

Entra Parolles.

Um outro que anda com ele. Eu gosto desse aí porque anda com aquele lá, mas sei que é um notório mentiroso. Acho que, em grande parte, é um bobalhão, nada mais que um covarde. Mas os vícios nele entranhados combinam tanto com esse aí que ocupam todo o espaço, mesmo quando os ossos de aço da virtude revelam-se gelados ao vento gélido. Assim, muitas e muitas vezes vemos uma inteligência fria a serviço das mais extravagantes tolices.

PAROLLES – Que Deus a proteja, formosa rainha!

HELENA – E ao senhor também, monarca!

PAROLLES – Não sou.

HELENA – Também não sou.

PAROLLES – Estava meditando sobre a virgindade?

HELENA – Sim. Você, que tem alguns traços de soldado em si, deixe-me fazer-lhe uma pergunta: se o homem é inimigo da virgindade, como podemos fazer dela uma barricada contra ele?

PAROLLES – Mantenha-o longe.

HELENA – Mas ele chega de assalto, e a nossa virgindade, apesar de sua valentia, é fraca de defesas. Revele para nós alguma estratégia bélica de resistência.

Parolles – Não existe nenhuma. O homem, antes de fazer o cerco, vai primeiro abalar os alicerces, para depois derrubar.

Helena – Que Deus proteja a nossa pobre virgindade contra os que nos abalam e nos derrubam! Não tem uma tática militar que ensine as virgens a derrubar os homens?

Parolles – Uma vez derrubada a virgindade, o homem rapidinho cai duro no chão. Ora, bolas! Se se derruba o homem e ele vai ao chão, com o túnel subterrâneo que vocês mesmas têm, vocês perdem a cidade. De um ponto de vista político, não é vantajoso à natureza preservar a virgindade. A perda da virgindade representa um incremento racional; jamais houve virgem parida antes de haver uma virgindade perdida. Isso de que vocês são feitas é o metal que forja virgens. A virgindade perdida uma vez pode se reproduzir dez vezes;[1] se fica para sempre preservada, está para sempre perdida. É companhia frígida. Livre-se dela!

Helena – Vou defendê-la ainda por um tempo; portanto, seja para morrer ou me render, me entrego ainda virgem para essa morte.

Parolles – Muito pouco se pode dizer em sua defesa; vai contra os ditames da natureza. Falar a favor da virgindade é acusar a própria mãe, o que é desobediência na certa. Quem escolhe ficar virgem está escolhendo enforcar-se: a virgindade mata-se a si mesma, e deve ser enterrada em uma encruzilhada, longe de terrenos santificados, como se faz com todos que pecam contra a natureza em desespero. A virgindade cria mofo, que nem um queijo; vai se consumindo até o último pedacinho e

---

1. Uma mulher pode ter dez filhas mulheres. (N.T.)

morre de alimentar-se do próprio umbigo. Além disso, a virgindade é mal-humorada, orgulhosa, não serve para nada, e é feita de amor-próprio: soberba, o mais proibido dos pecados proibidos pelas leis da Igreja. Não a preserve; você não tem "opição": vai acabar perdendo. Ponha para render! Em dez anos, a dez por cento ao ano, o investimento dobra, o que é um senhor aumento, e o capital inicial não é pouca coisa. Livre-se dela!

HELENA – Como é que se pode fazer, *sir*, para perdê-la ao nosso gosto?

PAROLLES – Deixe-me ver. Ora, mas, claro! Fazendo tudo errado: gostando de um homem que não gosta dela. Afinal, ela é mercadoria que perde o brilho por ficar parada. Quanto mais durar, menos vale. Livre-se dela enquanto é vendável. Você deve casar oferta com demanda, e perdê-la sem perda de tempo. A virgindade, como uma cortesã muito velha, usa uma touca fora de moda, ricamente bordada mas descabida, que nem o broche com palito, que não se usa mais nos chapéus. A doçura da tâmara fica melhor na torta e no mingau que no rosto de uma mulher. E a virgindade, a velha virgindade, é como uma das nossas peras francesas quando murcha: é feia de olhar e muito seca para comer. Ora, bolas, é uma pera murcha! Antes, era gostosa. Mas, ora bolas, agora é uma pera murcha! E alguém vai fazer alguma coisa a respeito?

HELENA – A minha virgindade, por enquanto não. Lá, o seu mestre vai encontrar mil amores: um amor de mãe e o fogo de uma amante, e amizade; uma fênix, uma comandante e uma inimiga; uma guia, uma deusa e uma soberana; uma conselheira, uma traidora e uma pessoa querida; sua humilde ambição, sua orgulhosa humildade; sua voz desafinada, harmônica, e seu estardalhaço dissonante, suave; seu amor, verdadeiro, e seu desastre, doce; junto com um mundo de criancinhas adotadas, lindinhas, meiguinhas, e quem as leva cegamente à pia batismal é Cupido. Agora, será que ele...? Eu não sei o que ele vai fazer. Que Deus lhe dê boa sorte! A corte é uma escola, e ele é um...

Parolles – Um o quê, você estava dizendo?

Helena – Um para quem eu desejo tudo de bom. É uma pena...

Parolles – O que é uma pena?

Helena – Que esse desejo não traga junto um corpo que se pudesse ver, ouvir, sentir. Que nós, os que nascemos fora da nobreza, e que temos uma estrela mais perversa, que não nos concede desejos mas que nos permite desejar, não possamos, através de nossos desejos, acompanhar os nossos amigos e revelar aquilo que precisamos pensar sozinhos e pelo que não recebemos sequer um muito obrigado.

Entra um Pajem.

Pajem – Monsieur Parolles, meu amo mandou chamar.

Sai.

Parolles – Heleninha, adeus. Se eu me lembrar de você, vou pensar em você quando estiver na corte.

Helena – Monsieur Parolles, você nasceu sob os auspícios de uma estrela caridosa.

Parolles – Minha estrela é Marte.

Helena – Penso especialmente que sim, é Marte.[2]

Parolles – Por que Marte?

---
2. O deus da guerra. (N.T.)

Helena – As guerras mantiveram você tão por baixo e deixaram você tão para baixo que você só pode ter nascido sob os auspícios de Marte.

Parolles – Quando estava na fase ascendente.

Helena – Quando estava retrógrada, penso eu.

Parolles – Por quê?

Helena – Você recua muito quando luta.

Parolles – Para ter vantagem sobre o adversário.

Helena – Isso é o mesmo que fugir quando o medo chega propondo segurança. Mas a composição criada em você por seu valor junto com seu medo é uma virtude de boas asas, e eu gosto do seu traje.

Parolles – Estou tão cheio de coisas por fazer que não posso lhe responder com agudeza, com tudo na ponta duro e afiado. Quando eu voltar, serei um cortesão perfeito, e meu papel será instruí-la, para que se inicie, se você for capaz de receber e aguentar o peso e a dureza do conselho de um cortesão e agarrar o ensinamento que vou empurrar em cima de você; do contrário, você expira o último suspiro na ingratidão e morre na ignorância. Adeus. Quando tiver tempo, diga as suas orações. Quando não tiver tempo, lembre-se dos amigos. Arranje um bom marido e faça uso dele, tanto quanto ele vai usar você. Então, adeus.

Sai.

Helena – Muitas vezes é em nós mesmos que encontramos a resolução, os remédios que atribuímos aos céus. O céu que decide nosso destino nos dá total liberdade de ação; apenas puxa para trás nossos lentos desígnios quando somos nós mesmos lentos de raciocínio. Que poder é esse que leva o meu coração a aspirar tão alto? Que me faz ver e não pode alimentar os meus olhos? Temos[3] destinos mundanos separados por um espaço abismal, e a natureza faz unirem-se como se fossem iguais, faz beijarem-se como se tivessem o mesmo berço. Impossíveis são as tentativas raras daqueles que pesam suas dores com a razão e o bom senso e supõem que o que aconteceu não pode acontecer. Quem é ela que já lutou por mostrar seu mérito e não conquistou o seu amado? A doença do rei... posso estar equivocada em meus planos, mas minha intenção está em mim entranhada e não vai me abandonar.

Sai.

CENA II – NO PALÁCIO DO REI, EM PARIS.

Fanfarra de cornetas. Entram o Rei da França, com cartas, o Primeiro e o Segundo Lordes Dumaine e vários Serviçais.

Rei – Os homens de Florença e de Siena estão se agarrando pelas orelhas; já guerrearam com resultados iguais de um lado e de outro e continuam se desafiando em batalhas.

Primeiro Lorde – É o que nos vem sendo relatado, *sir*.

Rei – Sim, e com a maior credibilidade. Nós aqui recebemos isso como uma certeza, garantida por nosso primo, o Duque da Áustria, com a advertência de que os florentinos virão importunar-nos em busca de auxílio rápido;

---

3. "Nós", neste caso, refere-se a "Bertram e eu (Helena)". (N.T.)

posto isso, o nosso estimado amigo prejulga o caso e sugere que deseja ver-nos responder negativamente.

Primeiro Lorde – Sua amizade e sua sabedoria, já comprovadas frente a Vossa Majestade, dão-lhe o direito de pedir que lhe sejamos leais.

Rei – Ele armou a nossa resposta, e o Duque de Florença já recebe um não antes mesmo de chegar. Contudo, quanto aos nossos cavalheiros da nobreza que desejarem participar da guerra em Toscana, esses têm permissão para partir e lutar de qualquer um dos lados.

Segundo Lorde – Isso pode muito bem servir de escola para o nosso gentio, homens que estão loucos por exercício militar e por combate.

Rei – Quem é este que vem chegando?

Entram Bertram, Lafew e Parolles.

Primeiro Lorde – É o Conde de Rossillion, meu bom lorde, o jovem Bertram.

Rei – Meu jovem, tu tens o mesmo rosto de teu pai. A natureza é prodigiosa, pois com cuidado e sem pressa te compôs muito bem a ti. Que tu saibas herdar também as qualidades morais de teu pai! Bem-vindo a Paris.

Bertram – Meus agradecimentos e meus deveres são para com Vossa Majestade.

Rei – Queria eu ter agora o mesmo corpo sadio de quando teu pai e eu, amigos, testamos pela primeira vez nossas habilidades de soldados! Ele foi longe no serviço militar daquela época, e aprendeu com os melhores. Durou muito, o teu pai, mas para nós dois a velhice, pavorosa, apresentou-se e nos colocou fora de ação e nos deixou gastos pelo tempo. Isto faz com que eu me sinta melhor, falar do teu pai, um bom homem. Na juventude, ele tinha a inteligência e o humor cortante que hoje eu observo em nossos jovens lordes; mas eles só conseguem fazer piadas até que a sua própria ironia retorne, a eles despercebida, antes que possam esconder sua petulância em gestos honrados. Assim, à maneira de um cortesão, no orgulho e no humor fino de teu pai não havia menosprezo nem amargura; se houvesse, o seu igual o teria despertado, e a sua honra, relógio de si mesma, sabia o exato minuto quando a exceção lhe pedia que falasse e, naquela hora, a sua língua obedecia a sua mão. Aos que estavam abaixo dele, empregou como se fossem criaturas de um outro país, e curvava sua eminente cabeça àquelas posições inferiores, fazendo-os orgulhosos da humildade de teu pai, que diante de seus pobres elogios curvava-se ele mesmo. Um homem assim pode ser exemplo a ser copiado nestes novos tempos; se bem copiado, demonstraria para os de agora que não passam de imitadores do passado.

BERTRAM – A memória honrada de meu pai, *sir*, jaz mais rica em vossos pensamentos que em sua tumba. Nem mesmo em seu epitáfio meu pai tem vida tão elogiada quanto em vossa régia fala.

REI – Queria eu estar com ele. Ele sempre dizia... a mim me parece estar escutando o teu pai agora; as palavras simpáticas dele, ele não as espalhava apenas nos ouvidos dos outros, mas ele as enxertava ali, para ali crescerem e se multiplicarem. "Não me deixem viver", era assim que muitas vezes começava ele com uma boa melancolia a falar sobre o fim de seus dias nos calcanhares de um tempo já passado, quando este tempo se tivesse extinguido. "Não me deixem viver", dizia ele; "quando à minha chama faltar óleo, não me deixem viver para ser o morrão entre os espíritos mais jovens, estes cujos sentidos a tudo percebem com excessiva rapidez e a tudo desdenham se não for novidade; cujo discernimento só serve para gerar a última moda em roupas e cuja constância expira antes de passar a moda que inventaram". Isso é o que ele desejava. Eu, que para mim desejo o mesmo, tenho também outro desejo: uma vez que não posso trazer para casa nem a cera nem o mel, queria ver-me logo separado de minha colmeia, para dar lugar às abelhas operárias.

Segundo Lorde – Todos vos têm amor, *sir*. Os que menos demonstram são os que primeiro vão sentir saudades.

Rei – Eu ocupo uma posição, eu sei. Faz quanto tempo, conde, que o médico da casa de teu pai morreu? Ele foi muito famoso.

Bertram – Faz uns seis meses, milorde.

Rei – Se estivesse vivo, eu ainda faria uma tentativa com ele... dá-me o teu braço..., os outros todos esgotaram-me com tantos tratamentos tão diferentes entre si. Agora deixo a natureza e a doença discutirem a minha sobrevivência a seu bel-prazer. Sê bem-vindo, conde; meu afeto por ti equipara-se ao afeto que tenho por meu próprio filho.

Bertram – Eu vos agradeço, majestade.

Saem. Fanfarra.

CENA III – NO PALÁCIO DO CONDE DE ROSSILLION.

Entram a Condessa, Rinaldo (o Intendente) e Lavatch (o Bobo).

Condessa – Agora quero saber. O que tens a me dizer sobre essa dama?

Rinaldo – Madame, o cuidado que precisei ter para levar a contento o seu pedido, espero que se possa encontrá-lo no registro de meus serviços prestados, pois do contrário ferimos nossa modéstia e tornamos opaca a transparência de nossos méritos, quando desde nós mesmos nós o divulgamos.

Condessa – O que faz esse sem-vergonha aqui? Pode ir tratando de ir embora, criatura, vai. As queixas que ouvi sobre tua pessoa, eu não havia acreditado nelas por inteiro; mas foi por ser lenta que não acreditei, pois estou sabendo que não te falta estupidez para cometer asneiras, e também não te falta a capacidade para te proclamares autor de tantas patifarias.

Lavatch – Não é do seu desconhecimento, madame, que sou um sujeito pobre.

Condessa – Por certo.

Lavatch – Não, madame, não é certo que eu seja pobre, embora muitos dos ricos sejam amaldiçoados, mas, se eu puder ter a permissão de Sua Senhoria para atar o nó, Isbel é a mulher, e eu vou fazer como a gente puder.

Condessa – E tu vais precisar mendigar?

Lavatch – Estou mendigando a permissão de Sua Senhoria neste caso fechado.

CONDESSA – Que caso fechado?

LAVATCH – O caso fechado[4] de Isbel e o meu caso. Sendo um serviçal, não tenho herança, e acho que nunca vou ter a bênção divina até que tenha procriado com filhos do meu sangue; porque dizem que uma criança é uma bênção de Deus.

CONDESSA – Me diz: por que razão tu queres casar?

LAVATCH – O meu pobre corpo, madame, está pedindo. Sou impulsionado adiante pela carne, e a carne é fraca, e quem se deixa guiar pelo diabo tem que ir aonde o diabo manda.

CONDESSA – Então teus motivos são todos devidos a essa tua devoção religiosa?

LAVATCH – Por minha fé, madame, eu tenho outros motivos, e esses são motivos santos e sagrados, porque neles é que eu me acabo.

CONDESSA – E o mundo pode saber quais são?

LAVATCH – Tenho sido, madame, uma criatura má, como a senhora e todos de carne e sangue são, e, deveras, estou me casando que é para me arrepender.

CONDESSA – Prefiro te ver uma criatura casada que uma criatura má.

LAVATCH – Não tenho amigos, madame, mas espero ter amigos para o bem da minha mulher.

CONDESSA – Esses amigos são teus inimigos, seu patife.

LAVATCH – O que a senhora diz é superficial, madame, sobre grandes amigos, pois os patifes vão fazer por mim aquilo que já estou cansado de fazer. O homem que passa

---

4. A vagina inacessível. (N.T.)

o arado na minha propriedade estará poupando o meu cavalo e vai me dar licença para colher os frutos. Se eu sou corno por causa dele, ele é meu escravo. Quem consola minha mulher está cuidando da minha carne e do meu sangue; quem cuida da minha carne e do meu sangue tem amor por minha carne e por meu sangue; quem tem amor por minha carne e por meu sangue é meu amigo; portanto, o homem que beija a minha mulher é meu amigo. Se os homens se contentassem em ser o que são, não teriam tanto receio de se casar, pois tanto o jovem puritano que condena o jejum quanto o velho papista que pratica o jejum, por mais que tenham seus corações separados pela religião, vão ter sempre a mesma cabeça e vão se bater, guampa com guampa, como todos os outros do rebanho.

CONDESSA – Tu vais ser para sempre um boca-suja e um caluniador, seu patife?

LAVATCH – Sou um profeta, madame, e falo a verdade mais nua e mais crua.

> *Uma canção eu tô sempre repetindo,*
> *Que homem nenhum nunca nem contesta:*
> *No casamento, cumpre-se o destino,*
> *Porque é da natureza enfeitar-se a testa.*

CONDESSA – Vá se embora, *sir*. Depois falo com o senhor, mais adiante.

RINALDO – Se for do seu agrado, madame, ele pode pedir a Helena que venha falar com a senhora. É dela que vou lhe falar.

CONDESSA – Criatura, diz à minha nobre pessoa que eu gostaria de falar com ela... Helena, quero dizer.

Lavatch – *"Foi esse formoso rosto a razão*
de os gregos terem atacado Troia?
Era isso que no rei dava tesão?"
Ora, meus senhores: uma pinoia!
Com isso, ela se cala e suspira.
(Com isso, ela se cala e suspira.)
E depois, a sentença ela anuncia:
"Se são nove podres e uma Helena,
(Se são nove podres e uma Helena,)
Ainda temos uma em uma dezena".

Condessa – Mas, como, uma em uma dezena? Você inverteu a canção,[5] criatura.

Lavatch – Uma mulher honesta em dez, madame, que é uma versão purificada da letra. Queria eu que Deus quisesse oferecer ao mundo essa fração a cada ano! Ninguém ia se queixar do dízimo de mulheres, se eu fosse o padre. Uma em dez, não foi o que ele disse? Se pudéssemos ter uma mulher honesta nascendo a cada vez que passa um cometa ou a cada vez que se tem um terremoto, teríamos grandes chances na loteria. Um homem pode apostar que vai ganhar no sorteio a perda do seu coração antes de ganhar no sorteio uma mulher honesta.

Condessa – O senhor vai sair daqui, seu patife, e fazer o que eu mandei?

Lavatch – Ah, se o homem pudesse cumprir as ordens de uma mulher e disso não resultasse nenhum mal! Embora a honestidade não seja uma puritana, pelo menos ela não causa o mal; ela veste sua branca sobrepeliz por cima da batina preta de um grande coração. Já estou indo; calma. As ordens são para dizer a Helena que venha até aqui.

Sai.

---

5. A canção originalmente falava de uma "podre" para nove "puras" em cada dez mulheres. (N.T.)

Rinaldo – Eu sei, madame, que a senhora tem grande amor por essa sua dama de companhia.

Condessa – É verdade. O pai legou-a aos meus cuidados, e ela, por si mesma, sem qualquer outra vantagem, pode de modo legítimo reivindicar o direito que tem a todo amor que encontra. Ela merece mais do que recebe, e, quando reivindicar mais, ela receberá mais do que vier a pedir.

Rinaldo – Madame, eu me coloquei recentemente mais próximo a ela do que penso que fosse do agrado dela. Sozinha eu a encontrei, e ela comunicava para si mesma as próprias palavras aos próprios ouvidos. Ela pensava, e isso estou pronto a jurar por ela, que suas palavras não atingiam outros ouvidos que não os seus. O assunto de sua conversa consigo mesma? Ela está apaixonada por seu filho, madame. A Sorte, disse ela, que havia colocado uma tal diferença entre a posição dela e a posição do Conde, não era nenhuma deusa. O Amor não era nenhum deus, pois não empregava seus poderes a não ser quando fossem iguais as posições do homem e da mulher. Diana não era a rainha das virgens, pois permitia a essa pobre serva da deusa da castidade surpreender-se ao ver-se presa sem socorro logo no primeiro assalto, e sem nenhum resgate depois. Isso ela proferiu no mais amargo tom de pesar que já ouvi de uma virgem exclamando-se, e por isso julguei meu dever informar a senhora o mais rápido possível, uma vez que, no caso de ocorrer uma perda, ela de certo modo lhe diz respeito, madame.

Condessa – Você desincumbiu-se de sua obrigação honestamente; agora, guarde segredo. Muitos indícios antes já me vinham informando disso, que pesavam na balança com tanto equilíbrio, uma hora para cá, outra hora para lá, que eu não conseguia neles acreditar nem deles duvidar. Eu lhe peço agora que me deixe a sós. Feche esse segredo no seu peito, e eu lhe agradeço por sua honesta preocupação. Conversaremos mais, em outra hora.

Sai Rinaldo, o intendente.

Entra Helena.

O mesmo se passou comigo quando eu era jovem. Se alguma vez pertencemos à natureza, a nós pertencem essas dores do amor. Esse espinho é parte inerente da nossa rosa da juventude; nascemos providos de sangue, e o nosso sangue nasce provido de uma disposição amorosa. É sinal e selo da verdade mais natural, é onde a forte paixão do amor imprime sua marca nos que são jovens. Dizem-nos as recordações de nossos tempos passados que foram esses os nossos erros, e então acreditávamos que não havia erro algum. O olhar de Helena está adoentado de paixão, eu agora observo bem.

HELENA – No que posso lhe ser útil, madame?

CONDESSA – Você sabe, Helena, que sou uma mãe para você.

HELENA – Minha honorável tutora.

CONDESSA – Não, sou mãe. Por que não mãe? Quando digo "uma mãe para você", a mim me pareceu que você estava enxergando uma serpente. O que há em "mãe" que você se assusta? Digo que sou sua mãe e a coloco na lista de todos os que nasceram exatamente como os meus filhos. Muitas vezes se vê a adoção competindo com a natureza, e a escolha cria um enxerto nativo em nós a partir de sementes estranhas a nós. Você nunca me oprimiu com as dores do parto, e, no entanto, eu tenho para com você cuidados maternos. Pela misericórdia divina, minha donzela! Eu dizer que sou tua mãe te faz coagular o sangue nas veias? Qual é o problema, a ponto de um arco-íris de tantas cores cercar o teu olho, esse mensageiro por lágrimas intumescido? Ora, dizer que você é minha filha?

HELENA – Coisa que não sou.

CONDESSA – Mas... se eu digo que sou sua mãe!

HELENA – Perdão, madame. O Conde Rossillion não pode ser meu irmão. Sou de família humilde, ele tem nome coberto de honras. Não são dignos de nota os meus pais, e os dele são da nobreza. Ele é meu mestre, meu amo, meu estimado lorde, e eu vivo como sua serva, e hei de morrer como sua vassala. Ele não pode ser meu irmão.

CONDESSA – Nem eu a sua mãe?

HELENA – A senhora é minha mãe, madame; queria eu que fosse realmente minha mãe... sem que o meu lorde seu filho fosse meu irmão! Ou então que a senhora fosse a mãe de nós dois, o que seria o mesmo que desejar o paraíso: que dele eu não fosse irmã. Não existe um modo de, eu sendo sua filha, ele não ser meu irmão?

CONDESSA – Sim, Helena, você pode ser minha nora. Que Deus a proteja se não é isso que você está querendo dizer! "Filha" e "mãe" do mesmo modo aceleram o seu pulso. Mas, o quê? Pálida de novo? O meu receio capturou o seu afeto! Agora eu vejo o mistério de sua solidão e enxergo a fonte de suas lágrimas salgadas. Agora está fácil perceber o que é óbvio: você está apaixonada pelo meu filho. Mesmo que quisesses mentir, desmentindo o teu amor declarado, não conseguirias dizer que não. Portanto, diz-me a verdade e, neste caso, diz que sim, pois, olha: tuas bochechas estão confessando, afogueadas, uma para a outra; e os teus olhos enxergam com clareza na tua reação aquilo que as lágrimas estão dizendo. É tão somente uma obstinação infernal e cheia de culpa que te põe travas na língua para que ninguém suspeite da verdade. Fala, Helena: é isso mesmo? Se é, você meteu os pés pelas mãos. Se não é, jura que não. De qualquer modo, na medida em que os céus me auxiliam a te auxiliar, agora eu estou mandando: diz-me a verdade.

HELENA – Minha boa senhora, me perdoe!

CONDESSA – Está apaixonada pelo meu filho?

HELENA – Peço o seu perdão, nobre senhora!

CONDESSA – Você ama o meu filho?

HELENA – A senhora não o ama, Condessa?

CONDESSA – Não fique rodeando o assunto; o meu amor tem nele um vínculo que o mundo inteiro sabe qual é. Vamos logo com isso: revele a mim que afeto é o seu, pois o sofrimento já a denunciou.

HELENA – Pois então eu confesso, aqui, de joelhos, perante os céus e perante a senhora, que amo o seu filho mais que a senhora; só é maior o meu amor a Deus. Minha família era humilde mas honesta, e assim é o meu amor. Não se ofenda, senhora, pois não tem como ferir seu filho o fato de ele ser amado por mim. Eu não fico indo atrás dele, nem dou qualquer indício de proposta presunçosa, nem eu o aceitaria até que eu o merecesse e, no entanto, não faço ideia de como posso vir a merecê-lo. Sei que amo em vão, luto contra qualquer esperança. Mesmo assim, nesta peneira capciosa que nada retém, continuo derramando as águas do meu amor; por mais que eu as desperdice, elas nunca se esgotam. Então, como os indianos, religiosamente incorro no meu erro e adoro o sol que tem sua adoradora diante de si mas não tem noção disso. Minha querida senhora, não permita que o seu ódio venha de encontro ao meu amor por ele amar a quem a senhora ama. Pelo contrário, se a senhora mesma, dada a sua honrosa idade, é exemplo de uma juventude virtuosa que também, em uma tão verdadeira chama de amor, já desejou, na castidade e no afeto fiel, que a sua Diana fosse não só deusa da castidade mas também do Amor, ah, tenha então pena desta que se encontra numa tal posição que não tem escolha senão doar e entregar o que ela com certeza não vai receber de volta; tenha pena desta que não busca encontrar o que procura e que, como um enigma, vive docemente onde morre.

Condessa – Diga-me a verdade: você não estava ultimamente com intenção de ir a Paris?

Helena – Sim, madame.

Condessa – Para quê? Fale a verdade.

Helena – Vou falar a verdade, juro pela graça de Deus. A senhora está sabendo que o meu pai deixou-me algumas prescrições de efeitos raros e comprovados, coisas que as leituras dele e sua larga experiência haviam coletado sob a forma de remédios para todos os males. Era o desejo dele que eu os guardasse com todo o cuidado, reservados para prescrevê-los como remédios que fazem mais do que o prescrito. Dentre estes, tem um, provado e comprovado, para curar as fraquezas desesperantes das quais dizem estar morrendo o nosso rei.

Condessa – Então era esse o motivo de sua viagem a Paris? Fale.

Helena – O meu lorde, seu filho, foi quem me fez pensar sobre isso; do contrário, Paris e o remédio e o rei teriam estado ausentes do turbilhão dos meus pensamentos.

CONDESSA – Mas, pense bem, Helena: se você oferecer essa sua ajuda supostamente eficaz, iria ele recebê-la? Ele e os médicos dele estão de comum acordo: ele entende que os médicos não podem ajudá-lo, e os médicos já concordaram. Como é que eles vão dar crédito a uma pobre donzela sem estudo, quando as escolas de medicina, depois de sugadas de todo o seu conhecimento, abandonaram a enfermidade à própria sorte?

HELENA – Existe algo nesse remédio, mais do que apenas a capacidade de meu pai, que foi o melhor de sua profissão: essa boa prescrição, sendo o legado dele para mim, terá a bênção das estrelas mais bem-afortunadas do céu. Se Sua Senhoria me der licença para tentar ser bem-sucedida, eu me proponho a arriscar a vida (que terá sido uma boa perda) na cura de Sua Graça em um dia especificado, a uma hora especificada.

CONDESSA – E tu acreditas mesmo nisso?

HELENA – Sim, madame. Eu sei o que estou fazendo.

CONDESSA – Bem, Helena, tu tens a minha permissão e o meu afeto; podes viajar com os meus recursos e os meus serviçais; e, chegando à corte, manda lembranças carinhosas aos meus. Eu fico em casa e rezo a Deus para que abençoe a tua tentativa. Deves partir amanhã mesmo, e podes estar certa de que estarei sempre te ajudando em tudo o que precisares.

Saem.

SEGUNDO ATO

CENA I – NO PALÁCIO DO REI EM PARIS.

Entra o Rei, acompanhado de vários jovens Lordes e dos Primeiro e Segundo Lordes Dumaine, que estão de partida para a guerra florentina; também entram Bertram (Conde Rossillion) e Parolles. Fanfarra de cornetas.

Rei – Adeus, meus jovens lordes. Não se esqueçam desses princípios da estratégia militar de guerra. E aos senhores, meus lordes, adeus. Partilhem dos meus conselhos entre vocês; se os dois lados souberam beber de minhas palavras, os conselhos expandem-se até onde foram entendidos, e isso é suficiente para as duas partes.

Primeiro Lorde – Nós temos esperanças, *sir*, quando de nosso retorno, já então soldados bem experimentados, de encontrar Sua Graça com saúde.

Rei – Não, isso não vai acontecer. Contudo, meu coração não quer confessar que possui a moléstia que faz cerco à minha vida. Adeus, meus jovens lordes; se eu morrer, ou se viver, sejam vocês os filhos valorosos de valorosos franceses. Deixem a montanhosa e orgulhosa Itália (esses abatidos que herdaram tão somente a queda do último império) ver que vocês chegam não para cortejar a honra, mas antes para casar e possuí-la quando murchar e encolher-se o último, o mais corajoso, que aparecer para farejá-la. Encontrem o que procuram, senhores, que assim a fama poderá proclamar os seus nomes. Eu lhes digo adeus.

Primeiro Lorde – Que a saúde, ao vosso comando, esteja a serviço de Vossa Majestade.

Rei – Aquelas moças da Itália, tomem cuidado com elas. Dizem que a nossa língua francesa não tem palavras para negar quando são elas que pedem. Cuidem-se para não ficarem presos antes mesmo de entrar em combate.

Os dois Lordes – Estão guardadas em nossos corações vossas advertências.

Rei – Adeus. Ajudem-me aqui.[6]

Primeiro Lorde – Ah, meu querido lorde, e pensar que você fica para trás, em vez de seguir conosco!

Parolles – Não é culpa dele ser jovem demais.

Segundo Lorde – Ah, as guerras são coisa esplêndida!

Parolles – Admiráveis! Eu já estive em guerras assim.

Bertram – Tenho ordens de ficar, e foi sempre a mesma grita a que me opus: "jovem demais" e "no ano que vem" e "é muito cedo".

Parolles – Se você estiver decidido nas suas ideias, rapaz, trate de se escapar com muita coragem.

Bertram – Vou ficar aqui, o cavalo que vai na frente e puxa os outros, sob o chicote de uma mulher, batendo os cascos nas pedras do calçamento, até que a honra esteja liquidada, e nenhuma espada sirva para outra coisa que não dançar? Por Deus, eu vou me escapar.

Primeiro Lorde – Tem honra a sua escapada.

Parolles – É só cometer a escapada, conde.

Segundo Lorde – Serei seu cúmplice. Agora, adeus.

---

6. O rei retira-se, amparado, para um canto do palco. (N.T.)

Bertram – Estou tão afeiçoado a você que separar-me é uma tortura.

Primeiro Lorde – Adeus, capitão.

Segundo Lorde – Meu querido Monsieur Parolles!

Parolles – Nobres heróis!, a minha espada e as suas são aparentadas. Boas fagulhas e lustrosas lâminas. Uma palavrinha, meus bravos espadachins: vocês vão encontrar no regimento de Spinii um Capitão Espúrio, com uma cicatriz, lembrança de guerra, bem aqui, no lado esquerdo da cara. Foi esta espada aqui que cavou o sulco. Digam a ele que estou vivo e prestem atenção ao recado que ele vai mandar para mim.

Primeiro Lorde – Será feito, nobre capitão.

Parolles – Que Marte se apaixone por vocês, a favor de seus seguidores mais novinhos.

Saem os Lordes.

O que você vai fazer?

Bertram – Quieto; olhe o rei.

Parolles – Você devia usar de cerimônias mais amplas para com os nobres lordes. Você se restringiu a uma capa muito fria de despedida. Seja mais expressivo com eles, pois usam eles próprios o manto da moda e, nos dias de hoje, dominam com maestria os modos da corte: comem, falam e se movem sob a influência da estrela mais benfazeja e, embora o Diabo seja o maestro, todos têm de dançar conforme a música. Corra, atrás deles, e trate de despedir-se de modo mais expansivo.

Bertram – Farei isso.

Parolles – São sujeitos de valor e bem capazes de virem a se mostrar exímios espadachins.

Saem.

Entra Lafew. O Rei vem à frente.

Lafew *[ajoelhando-se]* – Dai-me licença, milorde, para minha pessoa e para as notícias que vos trago.

Rei – Desejo que te levantes.

Lafew – Então, eis aqui um homem que, de pé, trouxe a própria licença[7] para entrar. Queria eu que vós tivésseis ajoelhado, milorde, a pedir-me clemência, e que, ao meu comando, vós pudésseis vos pordes de pé.[8]

Rei – Também eu queria isso, para poder rachar-te o cocuruto e pedir-te por isso clemência.

Lafew – Por Deus, errei a mira! Mas, meu bom lorde, é o seguinte: vós sereis curado de vossa enfermidade?

Rei – Não.

Lafew – Ah, não é vosso desejo comer uvas, minha raposa real? Mas sim, vós podereis comer as minhas nobres uvas se a minha raposa real puder alcançá-las. Conheci uma pessoa com conhecimentos médicos que pode soprar vida em uma pedra, pode fazer uma rocha se mover e pode fazer-vos dançar a canária com agilidade, com vibração. O simples toque dessa pessoa tem o poder de erguer dos mortos o Rei Pepino, e mais: pode pôr na mão do grande Carlos Magno uma pena e fazer com que ele escreva uns versos de amor para ela.

Rei – Que ela é essa?

---
7. Helena, com o remédio supostamente eficaz. (N.T.)
8. O rei está muito fraco e não consegue ficar de pé. (N.T.)

Lafew – Ora, a doutora! Milorde, temos uma aqui, recém-chegada na corte, se vós desejais recebê-la. Agora, por minha fé e por minha honra, se posso com seriedade informar-vos de minhas profundas ideias sobre esta minha superficial incumbência, eu conversei com essa pessoa que, por seu sexo, por sua idade, por sua capacidade, por sua sabedoria e por sua constância, surpreendeu-me mais do que ouso atribuir às minhas fraquezas de velho. Estaríeis disposto a recebê-la (esse é o pedido que ela vos faz) e ficar a par do assunto que a traz até aqui? Isso feito, podeis rir de mim.

Rei – Não, meu bom Lafew. Podes fazer entrar a admirável, para que nós possamos contigo expandir nossa admiração ou então para desinflarmos a tua, admirando-nos de como foste cair nessa esparrela.

Lafew – Pois muito bem, vou satisfazer-vos a curiosidade, e é para já.

Vai até a porta.

Rei – Ele sempre apresenta tudo assim, com um prólogo; e o tudo dele sempre é nada.

Lafew [*dirigindo-se a Helena*] – Sim, vamos entrando.

Entra Helena.

Rei – Esta tua pressa tinha asas, realmente.

Lafew – Venha, vamos entrando. Eis aqui Sua Majestade. Diga a ele o que veio dizer. Você assim está parecendo uma traidora, mas Sua Majestade raramente teme os traidores. Eu sou apenas o intermediário, e agora atrevo-me a deixar os dois a sós. Adeus.

Sai.

Rei – E então, minha formosa, o assunto de que você veio tratar concerne a mim?

Helena – Sim, milorde. Gerard de Narbon era meu pai e, em sua profissão, muito respeitado.

Rei – Eu o conhecia.

Helena – Isso vai poupar-me de tecer elogios a ele, pois tê-lo conhecido é o bastante. Em seu leito de morte, passou-me ele muitas receitas médicas; uma, especialmente, por ser o item mais precioso de sua prática médica e o favorito dentre os favoritos de sua larga experiência, ele me pediu que a guardasse, como a um terceiro olho, com mais cuidado que os meus dois olhos, com mais desvelo. Assim eu fiz e, ao ouvir que Sua Majestade está sofrendo da moléstia para a qual o meu querido pai buscou a cura e nisso investiu suas habilidades terapêuticas e nisso distinguiu-se com honra excepcional, venho à vossa presença para oferecer o remédio e sua aplicação, com toda a humildade, como o dever de uma vossa súdita.

Rei – Nós somos gratos, donzela, mas podemos não ser tão crédulos na cura, quando os nossos mais estudiosos doutores dão o nosso caso por perdido, e o próprio colegiado dos médicos[9] concluiu que nem todos os esforços deles conjugados pode resgatar a natureza de seu estado irrecuperável. O que estou dizendo é que não devemos macular nosso discernimento, nem corromper nossas esperanças, para prostituir a nossa moléstia incurável nas mãos de charlatões, e também não devemos divorciar nossa pessoa de nossa integridade para nos afeiçoarmos a um socorro insensato quando reconhecemos que o sensato é entender que não há nenhum socorro sensato possível.

---

9. Uma sociedade médica como, no tempo de Shakespeare, em Londres, o *Royal College of Physicians.* (N.T.)

Helena – O cumprimento de meu dever para com meu soberano será então a paga de meu esforço. Não desejo forçar sobre vós os meus préstimos e peço-vos com toda a humildade um pensamento mínimo de vossa parte que eu possa levar comigo em minha viagem de volta.

Rei – Não posso conceder-te menos, se quero ser agradecido. Tu pensaste em me ajudar, e por isso eu te sou grato, como é grato um moribundo a todos aqueles que desejam que ele sobreviva. Mas tudo o que eu conheço de perto tu não conheces nem de longe. Quanto ao meu risco de vida, sei tudo, e você não sabe nada.

Helena – O que eu sei fazer não tem como vos fazer mal em tentar, uma vez que apostais todas as vossas cartas contra o remédio. Aquele que faz o acabamento de grandes obras muitas vezes o faz com os mais fracos instrumentos; assim é que as Sagradas Escrituras mostraram que as crianças podem ter muito juízo, e juízes podem se comportar como crianças; grandes enchentes se deram a partir de simples nascentes; e grandes mares já secaram, mesmo quando os milagres são renegados pelos poderosos. Seguido, uma expectativa se frustra e, mais seguido ainda, onde ela mais prometia. Seguido também, uma expectativa se cumpre onde já não havia mais esperança. O desespero tem altos e baixos.

Rei – Não vou me permitir escutar-te; passar bem, minha bondosa donzela. Teres te esforçado deve ser tua própria recompensa, já que vieste para nada. As ofertas não aproveitadas ceifam na raiz os agradecimentos que esperavam obter.

Helena – O mérito que teve inspiração divina é barrado por um sopro terreno. Não funciona assim com Ele, que detém a onisciência, como funciona conosco, que ajustamos as nossas conjecturas conforme as aparências.

Mas, na maior parte das vezes, temos a presunção de contar como ação humana a ajuda que nos veio do céu. Meu caro lorde, dai consentimento à ação em que me empenho; fazei uma tentativa que não é minha, é dos céus. Não sou uma impostora que veio anunciar-se a si mesma como alguém que acerta em alvo inacertável; mas sei que penso, e penso que sei, que minha arte não é sem limites[10] e que vossa doença não é sem volta.

Rei – Tens tanta confiança assim? Em quanto tempo esperas conseguir a minha cura?

Helena – Com a graça da graça divina, antes que os corcéis do sol tragam duas vezes o seu flamejante cavaleiro condutor da luminosa tocha, e ele, a sua aura diurna; antes que duas vezes nas trevas e na umidade ocidental a orvalhada estrela vespertina tenha apagado sua sonolenta luz, ou vinte e quatro vezes a ampulheta de quem está ao leme tenha contado aos minutos furtivos com que rapidez eles passam, tudo que está enfermo fugirá de vossas partes saudáveis, e a saúde viverá liberta, e a doença morrerá por vontade própria.

Rei – Contra tanta certeza e confiança, tu estás te arriscando a quê?

Helena – Estou me arriscando a ser acusada de ser impudente e de ter a coragem de uma rameira, estou me arriscando a ter a vergonha escancarada, traduzida em odiosas canções, estou me arriscando a ver enxovalhada a minha reputação de donzela. E, o pior dos piores, expandido por tortura vil, estou me arriscando a deixar que minha vida se acabe.

Rei – A mim me parece que em ti algum espírito abençoado e de palavras poderosas conversa comigo desde

---

10. Isto é, "eu conheço as minhas limitações". (N.T.)

um fraco instrumento de voz. Para aquilo que o bom senso condena por impossível, eis aqui um outro senso que o vem salvar de tal acusação. Tua vida é preciosa, pois tudo que na vida merece ser chamado de vida, em ti tem alto valor: juventude, beleza, inteligência, coragem, tudo que a felicidade e o melhor da vida podem chamar de feliz. Que tu queiras arriscar tudo isso é algo a ser levado em consideração: ou tu tens infinitas habilidade e perícia, ou tu és monstruosamente irresponsável. Minha doce doutora, vou experimentar a tua medicação, esta que ministra tua própria morte se eu morrer.

HELENA – Se o prazo não se cumprir, ou se eu não cumprir à risca o que prometo, vós podeis, sem dó nem compaixão, deixar-me morrer, merecidamente. Se não vos ajudo, a morte é minha punição; mas, do contrário, o que vós me prometeis?

REI – Podes pedir o que quiseres.

HELENA – E Vossa Majestade atenderá ao meu pedido?

REI – Sim, por meu cetro e por minhas esperanças de cura.

HELENA – Então vós me dareis, por vossas régias mãos, o marido que eu pedir dentre os homens que estão sob vossas ordens. Longe de mim ter a arrogância de escolher por marido alguém da família real francesa, de sonhar o meu nome humilde e plebeu propagando ramos e parecenças de vossa posição. Mas um vassalo vosso, que esteja desimpedido para comigo casar e para ao vosso comando obedecer.

REI – Aqui tens a minha mão: observadas as premissas, o teu desejo será cumprido por minha ação. Agora, escolhe a hora que achares acertada, pois eu, teu paciente decidido, confiarei sempre em ti. Devo fazer-te mais perguntas, e as farei... embora saber mais não signifique confiar mais, pois já confio totalmente... de onde tu vens e quem te acompanha; mas, por ora, eu te dou as boas vindas sem perguntar e te abençoo sem duvidar. – Ajudem-me aqui, ei, vocês! – Se tu procederes com sucesso tão grande quanto tua promessa, minha promessa trará tua grande recompensa.

Fanfarra. Saem.

CENA II – NO PALÁCIO DO CONDE DE ROSSILLION.

Entram a Condessa e Lavatch (o Bobo).

CONDESSA – Vamos lá, *sir*. Agora vou testá-lo para ver se você recebeu altos ensinamentos.

LAVATCH – Vou provar-lhe, senhora, que recebi altos jantares e lições de baixaria. Estou ciente de que o meu negócio não é nada além de agradar na corte.

CONDESSA – Agradar na corte! Ora, que lugar então você considera especial, quando fala com tanto menosprezo? Nada mais que agradar na corte!

LAVATCH – Deveras, madame, se o homem recebe de Deus bons modos, ele pode facilmente exibi-los na corte. Quem não consegue ajoelhar-se, tirar o chapéu, beijar mãos e ficar de boca fechada, é porque não tem joelho, nem mãos, nem boca, nem chapéu. E daí que, realmente, um sujeito assim, para ser mais preciso, não foi feito para a corte. Mas, quanto a mim, tenho uma resposta que serve para todos os homens.

Condessa – Minha nossa, essa é uma resposta dadivosa, que serve para todas as perguntas.

Lavatch – É como a cadeira dos barbeiros, que serve para todos os traseiros: traseiro estreito, traseiro achatado, traseiro bem fornido; enfim, qualquer tipo de bunda.

Condessa – E essa sua resposta encaixa-se em todas as perguntas?

Lavatch – Encaixa-se como dez moedas[11] encaixam-se na mão de um advogado, como o vil metal francês[12] serve para a prostituta que veste tafetá, como o dedinho indicador do camponesinho Tom entra no buraquinho do anel de junco da camponesinha Tibe no casamento de mentirinha de suas brincadeiras, como as panquecas doces entram na comilança da Terça-Feira Gorda de Carnaval, como a dança típica entra nos festejos dos Festivais da Primavera, como o prego cabe no seu buraco, como os chifres cabem no corno, como a mulher assanhada e rabugenta fica encaixadinha no sujeito canalha e encrenqueiro, como o lábio da freira encaixa-se na boca do frade, sim, e como a linguiça entra na tripa.

Condessa – E eu te pergunto se tu tens uma resposta que pode entrar como resposta a todas as perguntas.

Lavatch – Desde abaixo do Seu Duque até embaixo do Seu Guarda, entra justinho em qualquer ponto de exame questionável.

---

11. Dez moedas de quatro *pence*, o que cobrava um advogado normalmente. (N.T.)
12. Uma coroa francesa ("French crown"), equivalente a cinco *shillings*, o que cobrava uma prostituta. "French crown" também era uma denominação para sífilis (a cabeça – "crown" – do doente aparecia, pois ele ficava careca), e as doenças sexualmente transmissíveis eram chamadas de doenças "francesas". (N.T.)

CONDESSA – Deve ser uma resposta de tamanho monstruoso, para entrar com justeza em todas as disputas.

LAVATCH – Pelo contrário, não passa de uma coisinha de nada, eu lhe garanto, se o douto souber com ela falar a verdade. Eis aqui a resposta, e tudo o mais que a ela pertence: pergunte-me se sou um cortesão. Não vai lhe fazer mal aprender.

CONDESSA – Ser jovem outra vez, se pudéssemos! Vou me mostrar burra ao perguntar, na esperança de ficar mais inteligente com a sua resposta. Eu lhe pergunto, *sir*, o senhor é um cortesão?

LAVATCH – Ah, por Deus, senhor! ... Eis aí uma evasiva das mais simples. Mais, vamos lá, mais uma centena de perguntas.

CONDESSA – *Sir*, eu sou um pobre amigo seu, que lhe tem amor.

LAVATCH – Ah, por Deus, senhor! ... Rápido, vamos lá, rápido, a senhora não precisa me poupar.

CONDESSA – Eu acho que o senhor não consegue comer nem um naco desta comidinha caseira, *sir*.

LAVATCH – Ah, por Deus, senhor! ... Vamos lá, ponha-me à prova, eu me garanto.

CONDESSA – Pelo que me consta, o senhor foi recentemente chicoteado, *sir*.

LAVATCH – Ah, por Deus, senhor! ... Não me poupe.

CONDESSA – O senhor grita "Ah, por Deus, senhor!" quando estão lhe chicoteando, e "Não me poupe"? Realmente, o seu "Ah, por Deus, senhor" faz sentido: você estaria desempenhando muito bem o papel do açoitado e respondendo muito bem a um açoite, se estivesse amarrado ao poste e preso a uma resposta.

LAVATCH – Nunca tive tanto azar na minha vida com o meu "Ah, por Deus, senhor". Vejo agora que as coisas podem servir e encaixar por muito tempo, mas não para sempre.

CONDESSA – Estou brincando de mulher da nobreza e dona de casa com o meu tempo, gastando o meu dia nesses prazerosos passatempos com um bobo da corte.

LAVATCH – Ah, por Deus, senhor! ... Veja só, agora encaixou direitinho de novo.

CONDESSA – Agora chega. Ao trabalho: entregue isto a Helena, e peça a ela que me envie uma resposta com urgência. Minhas recomendações aos meus e especialmente ao meu filho. Nada de maior.

LAVATCH – Nada de maior serão suas recomendações a eles.

CONDESSA – Nada de maior será esta sua incumbência. Agora deu para entender?

LAVATCH – Dei, sim. Chego em Paris antes das minhas pernas.

CONDESSA – E volte depressa.

Saem.

CENA III – NO PALÁCIO DO REI, EM PARIS.

Entram o Conde Bertram, Lafew e Parolles.

LAFEW – Dizem que não se fazem mais milagres, e temos os nossos homens da filosofia para transformar em comuns e familiares as coisas sobrenaturais e inexplicáveis.

Desde então, coisas terríveis se tornam triviais, e nós nos sentimos fortalecidos em uma aparente sabedoria quando teria sido o caso de submeter-nos ao medo do desconhecido.

PAROLLES – Ora, é o assunto mais extraordinariamente assombroso que já riscou os céus de nossos tempos.

BERTRAM – É mesmo.

LAFEW – Ser abandonado pelos médicos...

PAROLLES – É o que eu digo: pelos tradicionais, seguidores de Galeno, e pelos modernos, seguidores de Paracelsus.[13]

LAFEW – Pelos mais estudiosos e autênticos médicos do colegiado...

PAROLLES – Exato. Foi o que eu disse.

LAFEW – Que declararam ser o caso dele incurável...

PAROLLES – Ora, é isso mesmo, foi o que eu disse também.

LAFEW – Para o qual não havia tratamento possível...

PAROLLES – Exato. Como se fosse para assegurar a um homem...

LAFEW – Para as incertezas da vida e para a certeza da morte.

PAROLLES – É isso exatamente, você falou bem; é o que eu teria dito.

LAFEW – Posso afirmar com toda a certeza que é uma novidade para o mundo.

---

13. Os médicos da época de Shakespeare (fim do século XVI e começo do século XVII) seguiam os ensinamentos de Galeno, médico grego do século II. Paracelsus foi um alquimista e médico suíço do começo do século XVI que propôs novos tratamentos de doenças. (N.T.)

Parolles – Deveras. Se alguém quiser ver isso por escrito, tem de ler nesse como-é-que-se-chama aí.

Lafew *[lendo]* – "Escritos acerca de um efeito celestial sobre um agente terreno."

Parolles – É isso mesmo que eu teria dito, exatamente isso aí.

Lafew – Ora, um delfim não estaria mais ativo e cheio de vida. Pela minha alma, estou falando em consideração de...

Parolles – Não, não, isso é estranho, isso é muito estranho, isso é o resumidamente posto e o longamente descrito da coisa toda, e só um espírito muito facínora para não reconhecer que isso seja...

Lafew – A própria mão do Divino.

Parolles – Sim, foi o que eu disse.

Lafew – Ministrado por mão a mais fraca e...

Parolles – Frágil, de grande poder, de grande transcendência, e que deveria, deveras, prestar-nos outros préstimos que não apenas a recuperação do rei, para que fosse...

Lafew – Universalmente reconhecida e apreciada.

Entram o Rei, Helena e os Serviçais.

Parolles – Eu teria dito o mesmo; você disse muito bem. Aí vem o Rei.

Lafew – *Lustique*,[14] como dizem os holandeses. Enquanto eu não for caquético de tão velho, sempre vou gostar de uma virgem. Ora, mas ele consegue até dançar a corrente com ela.

---

14. "Todo feliz e brincalhão." (N.T.)

Parolles – Pela morte do bezerro! Aquela não é Helena?

Lafew – Pela minha alma, acho que é.

Rei – Chamem à minha presença todos os lordes da corte. – Senta-te, minha doutora, ao lado do teu paciente, e, com esta mão saudável, cujo tato perdido tu recuperaste, recebe, pela segunda vez, a confirmação do presente que te prometi, que agora aguarda tão somente que tu o nomeies.

Entram três ou quatro Lordes.

Formosa donzela, faz os teus olhos observarem. Este pequeno grupo de nobres jovens e solteiros são meus tutelados, e sobre eles eu imponho não só a minha vontade de soberano, mas também a autoridade da voz de um pai. Elege o teu noivo; tu tens o direito de escolher, e eles não têm o direito de recusar.[15]

Helena – Que por cada um dos senhores apaixone-se moça bela e virtuosa, quando o Amor acontecer! Quero dizer, uma moça para cada um!

Lafew *[à parte]* – Eu dava o meu cavalo baio com todos os seus arreios para ter na boca todos os dentes, como esses rapazes, e no queixo tão pouca barba.

Rei – Examina-os bem. Todos eles são filhos de pais nobres.

Helena *[dirigindo-se a um Lorde]* – Cavalheiros, através de mim os céus restituíram à Sua Majestade sua saúde.

Todos – Estamos sabendo, e somos gratos aos céus pela senhorita.

---

15. Embora o rei pudesse escolher as noivas de seus tutelados, elas deveriam ser também da nobreza, e este não é o caso de Helena, o que significa que o rei estava abrindo um precedente. (N.T.)

Helena – Não passo de simples donzela, e neste particular está a minha riqueza: reconheço-me simplesmente uma donzela. Se for do agrado de Vossa Majestade, já escolhi. O rubor no meu rosto sussurra para mim: "Fico vermelho por haveres escolhido; mas, se ele te rejeitar, que a palidez da morte tome conta de teu rosto para sempre, pois nunca mais subirei à tua face".

Rei – Faz a tua escolha e observa o seguinte: quem renegar o teu amor verá renegado em mim todo o seu amor.

Helena – Agora, Diana, deusa da castidade, passo a ser uma desertora de teu altar, e dirijo os meus suspiros a um deus superior, um deus que impera absoluto: o Amor. *[Dirigindo-se a um primeiro Lorde:]* O senhor deseja ouvir o meu pedido?

Primeiro Lorde – Ouvir e aceitar.

Helena – Obrigada, *sir*. Neste ponto, faço mudas as minhas palavras.

Lafew – Eu preferia tentar a sorte nesse grupo do que tentar tirar um par de ases nos dados pela minha vida.

Helena *[dirigindo-se a um segundo Lorde]* – A honradez, *sir*, que brilha em seus belos olhos antes mesmo de eu falar, já me responde de modo ameaçador. Que o Amor coloque a sua sorte vinte vezes acima desta que o senhor deseja e de seu humilde afeto.

Segundo Lorde – Por favor, nem uma vez acima da senhorita.

Helena – Receba os meus melhores votos, de que lhe seja assegurado um grande amor. Com sua licença.

Lafew – Todos a estão rejeitando? Fossem meus filhos e eu os chicoteava, ou mandava todos para os turcos, que fariam deles eunucos.

Helena *[dirigindo-se a um terceiro Lorde]* – Não se assuste; estou pegando na sua mão que é para não lhe fazer nenhum mal, para o seu próprio bem. Os seus votos nupciais têm minha bênção. Se algum dia o senhor casar, que encontre em sua cama melhor sorte.

Lafew – Esses rapazes são meninos de gelo, nenhum deles desejando-a. Com certeza são filhos bastardos de ingleses, porque de pais franceses não foram gerados, não.

Helena *[dirigindo-se a um quarto Lorde]* – Você é muito novinho, muito feliz e bom demais para fazer um filho do meu sangue.

Quarto Lorde – Formosa dama, eu não penso assim.

Lafew – Bom, aí temos um rebento de boa videira; com certeza teu pai bebia vinho... mas, se tu não és um asno, eu tenho catorze aninhos. Que eu te conheço de outros carnavais.

Helena *[dirigindo-se a Bertram]* – Não me atrevo a dizer que eu te quero, mas estou colocando meus serviços e eu mesma, para sempre enquanto eu viver, sob o teu comando. – É este o homem.

Rei – Ora, mas então, meu jovem Bertram, aceita: ela é tua esposa.

Bertram – Minha esposa, meu suserano? Vou ter de suplicar a Vossa Alteza: neste assunto, dai-me licença para usar do auxílio de meus próprios olhos.

Rei – Tu não sabes, Bertram, o que ela fez por mim?

Bertram – Sim, meu bom lorde, mas não consigo nem mesmo imaginar o que me levaria a casar com ela.

Rei – Tu estás sabendo que ela conseguiu me tirar do meu leito de morte.

Bertram – Mas segue-se a isso, milorde, que em resposta eu deva me atirar no seu leito de núpcias? Eu sei bem quem ela é; foi criada e educada às custas de meu pai. A filha de um pobre médico, minha esposa? Prefiro ter o meu desprezo por ela arruinando-me para sempre.

Rei – O que tu desprezas nela é tão somente a falta de um título, e isso eu posso remediar. Estranho é que os nossos sangues, em cor, peso e temperatura, se derramados juntos... não teríamos como distinguir um do outro, e no entanto estão separados por diferenças tão poderosas. Se ela representa todas as virtudes (com exceção daquilo que te desagrada: ser filha de um pobre médico), tu estás desprezando a virtude por um nome. Não faça isso, Bertram. Mesmo no lugar mais humilde: onde se passam atos honrados, o lugar dignifica-se pelos feitos de quem faz. Onde os grandes títulos nos inflam de orgulho, se não há decoro, essa é uma honra que padece de inchaço. O bem por si só é bom, sem que precise carregar um nome. O mesmo acontece com a canalhice. O que caracteriza um e outro é o que deve estar valendo, e não o título. Ela é jovem, inteligente, bonita, e nisso tudo é herdeira direta da natureza; e essas qualidades geram honradez. Zomba da honradez quem se anuncia nascido em berço honrado e não é como seus antepassados. A honra viceja quando a derivamos de nossos atos em vez de derivá-la de nossos ancestrais. A própria palavra é um escravo debochado em cada túmulo, um troféu mentiroso em cada sepultura, palavra que se cala onde o pó e o esquecimento (este, amaldiçoado) cobrem o túmulo de ossos verdadeiramente honráveis. O que pode ser dito? Se tu não consegues amar esta criatura pela donzela que é, eu posso criar todo o resto. A virtude e ela mesma são os seus dotes; o título honorífico e a riqueza, ela os recebe de mim.

BERTRAM – Eu não posso amá-la, nem vou me esforçar para amá-la.

REI – Se te é um esforço escolher, estás fazendo mal a ti mesmo.

HELENA – Estou feliz por estardes bem recuperado, milorde. Esqueça-se o resto.

REI – Minha honra está em jogo. A fim de derrotar a ameaça à minha honra, devo fazer uso do meu poder. Aqui, toma a mão de Helena, guri desdenhoso, orgulhoso, indigno de um presente tão bom; tu, que agrilhoas em uma vil negligência o meu amor e a recompensa a ela devida; tu, que não podes nem sonhar de que maneira nós, colocando-nos no mesmo prato da balança que ela, tão levezinha, vamos te jogar para junto da trave dessa balança; tu, que não vais nem querer saber que está em nossas mãos plantar tua honra onde quisermos para vê-la crescer onde bem entendermos. Trata de conter o teu desprezo; obedece à nossa vontade, que forceja em teu favor; não acredites no teu desprezo, mas, agora mesmo, honra o teu nome prestando-nos obediência, reivindicada tanto pelo teu dever de súdito quanto pelo nosso poder de soberano. Do contrário, tu ficas para sempre sem minha proteção, e estarás jogado à leviandade e à imprudência da tua pouca idade e da tua ignorância, e terás também minha vingança e meu ódio perseguindo-te em nome da justiça, sem termos de misericórdia. Agora, fala: qual é tua resposta?

BERTRAM – Perdoai-me, Sua Graça; submeto a escolha do meu amor aos vossos olhos. Quando reconsidero e vejo o grandioso ato de criação e a honorável concessão de título que se desfraldam em vossas ordens, percebo que ela, que até há pouco em meus pensamentos de nobre era moça inferior, agora é donzela celebrada pelo rei; estando assim enobrecida, é como se fosse nobre de nascimento.

Rei – Toma-a pela mão e diz a ela que ela é tua, a quem eu prometo, em contrapartida, se não possessões como as tuas, um equivalente ainda mais repleto.

Bertram – Aceito a mão de Helena.

Rei – A boa sorte e o favor do rei te sorriem por esse contrato, cuja cerimônia receberá despacho favorável imediatamente, em seguida a este recém-nascido mandado real, e será celebrada ainda hoje à noite. O banquete da solenidade acontecerá em um outro dia, pois aguardaremos a chegada dos amigos ausentes. Já que tu a amas, o teu amor, no que me toca, é fiel e sagrado; se assim não o for, ele é dissidente e traidor.

Saem.

Lafew e Parolles ficam para trás, tecendo comentários sobre o casamento.

Lafew – Você escutou, *monsieur*? Quero uma palavrinha consigo.

Parolles – O que o senhor deseja?

Lafew – O seu amo e senhor fez bem em retratar-se.

Parolles – Retratar-se? Meu amo? Meu senhor?

Lafew – Isso mesmo. Não estou falando a sua língua?

Parolles – Uma língua áspera, que não deve ser entendida sem que haja consequências sangrentas. Meu amo?

Lafew – Você não é o acompanhante do Conde Rossillion?

Parolles – De qualquer conde, de todos os condes; sou acompanhante de quem seja homem.

Lafew – De quem seja homem do conde. O senhor do conde tem outro título.

Parolles – O senhor está velho demais, *sir*. Que fique tudo por isso mesmo: o senhor está velho demais.

Lafew – Pois eu vou te dizer uma coisa, criatura: eu sou um homem, entendeu? Um homem, título ao qual você não terá direito em idade alguma.

Parolles – O que me dá ganas de fazer, eu não me atrevo a fazer.[16]

Lafew – Depois de dois almoços na taverna em tua companhia, pensei que eras um sujeito inteligente. Teceste um relato bastante razoável de tua viagem; foi passável. E, no entanto, as ombreiras, os galardões e todas as fitas que mais parecem bandeirolas em tua vestimenta muitas vezes dissuadiram-me de acreditar que fosses verdadeiramente um navio de carga valiosa. Agora encontrei teu verdadeiro eu. Quando nos desencontrarmos, não vou me incomodar. És uma insignificância que, se alguém tropeça em ti, não vales nem o incômodo de juntar do chão.

Parolles – Se tu não tivesses a prerrogativa da antiguidade a teu favor...

Lafew – Não mergulhes muito fundo na raiva, para que não apresses o teu julgamento, coisa que, se acontecer... Deus tenha piedade de ti, para não te confundir com um pavão! Então, vidraça vermelha de treliça em bar vagabundo, passar bem. Não preciso quebrar essa vitrine que tu és, pois enxergo daqui a tua mercadoria podre. Agora me dá a mão.

Parolles – Milorde, o senhor me atribui a mais flagrante indignidade.

---

16. Parolles tem vontade de bater em Lafew, mas não o faz devido à idade do outro. (N.T.)

Lafew – Sim, de todo o coração, e dela tu és merecedor.

Parolles – Não, milorde, eu não fiz por merecer isso.

Lafew – Sim, por minha fé, tu mereces cada pinguinho de minha indignação, e eu me recuso a abater um terço de pingo que seja.

Parolles – Bom, vou ser mais esperto daqui para frente.

Lafew – Faça isso. E o mais rápido possível, porque vais ter que engolir muita besteira própria até chegar lá. Se um dia te encontrares amarrado nas tuas bandeirolas e derrotado, vais descobrir o que é ter orgulho dessas amarras. A mim me dá vontade de continuarmos sendo conhecidos, ou melhor, de continuar tendo notícias tuas, que é para eu poder dizer de ti, quando apareceres sem ornamentos, réu num tribunal: "Esse daí eu conheço".

Parolles – Milorde, o senhor está me infligindo afronta insuportável.

Lafew – Queria estar te infligindo os tormentos do inferno, para o teu próprio bem. Queria que estivesses te acabando em danação eterna, mas isto eu não sei fazer. O que eu posso fazer, no entanto, é te deixar para trás, tão rápido quanto me permitir a minha idade.

Sai.

Parolles – Bom, tu tens um filho que vai levar o troco pelo vexame que passei, seu miserável, velhote sujo, miserável! Bom, preciso ter paciência, porque não se pode prender a autoridade. Vou dar uma surra nele, juro pela minha vida, se calhar de eu encontrar com ele numa boa hora, embora ele seja duas vezes um lorde. Não vou ter pena por ele ser velho; trato ele como qualquer um e dou-lhe uma surra daquelas... se, pelo menos, eu me encontrar com ele de novo.

Entra Lafew.

LAFEW – Criatura, o seu amo e senhor se casou, e tem novas para você: agora você tem uma nova patroa.

PAROLLES – Com toda a sinceridade, peço a Sua Senhoria que modere os seus insultos. Eu apenas presto serviços a ele; aquele a quem eu sirvo está lá em cima e, esse sim, é o meu Senhor.

LAFEW – Quem? Deus?

PAROLLES – Isso mesmo, *sir*.

LAFEW – O diabo sim é que é o teu amo e senhor. Por que tu amarras as bandeirolas nos braços? Por que transformas em culotes de ligas coloridas as mangas da tua camisa? Os outros criados também usam a camisa desse jeito? Melhor farias em ajeitar tuas partes baixas onde fica o teu nariz. Palavra de honra que, se eu fosse duas horas mais novo, te dava uma surra. A mim me parece que tu és uma ofensa a todos, e todo homem devia te dar uma surra. Acho que te criaram que é para os homens exercitarem os músculos contigo.

PAROLLES – Recebo do senhor um tratamento duro e imerecido, milorde.

LAFEW – Ora, deixe disso, *sir*. Na Itália, lhe deram uma surra porque só o que você fazia era catar coquinho. Você é um tremendo dum vagabundo, e não um viajante. Você é insolente com os lordes e indivíduos honoráveis de um modo que não te é permitido, dada a tua certidão de nascimento. Você não merece ser chamado de outra coisa, por isso eu o chamo de criado. E agora eu me retiro.

Sai.

Entra Bertram (Conde de Rossillion).

Parolles – Bom, muito bom. Então é assim, hã? Bom, muito bom. Que fique isso em segredo por uns tempos.

Bertram – Arrasado, e condenado a ter preocupações para o resto da vida!

Parolles – O que foi, meu querido?

Bertram – Jurei solenemente diante do padre, mas não me deito com ela.

Parolles – O que foi? O que é, coração?

Bertram – Ah, meu Parolles, me obrigaram a casar! Vou para as guerras da Toscana, mas não me deito com ela jamais.

Parolles – A França é um canil, e não mais merece que um homem sequer pise em seu solo. À guerra!

Bertram – Chegou uma carta de minha mãe; ainda não sei o que diz.

Parolles – Ora, diz tudo o que ela queria que você soubesse. Para a guerra, meu rapaz, para a guerra! Aquele que fica em casa abraçando a patroa enfia sua honra num buraco feminino e joga fora, nesses abraços, o seu vigor viril, substância que devia ser guardada para aguentar os saltos e o alto corcovear do fogoso corcel do deus Marte. Para outras terras! A França é um estábulo, e os que moram aqui somos todos uns pangarés. Portanto, à guerra!

Bertram – Pois vai ser assim. Vou mandá-la para a minha casa, faço minha mãe saber do ódio que tenho a ela e, depois disso, me vou. Escrevo para o rei o que não me atrevo a falar. O presente dele vai me equipar e paramentar para aqueles campos da Itália onde meus nobres colegas estão guerreando. A guerra nem é uma batalha quando se compara com uma casa sombria e uma esposa detestada.

PAROLLES – Será mesmo? Que tu vais conseguir sustentar esse capricho?

BERTRAM – Venha comigo aos meus aposentos e me ajude a pensar. Vou mandá-la embora já. Amanhã, eu parto para as guerras, e ela, para uma tristeza desacompanhada.

PAROLLES – Agora, sim, a bola está quicando! Que dureza! Homem novo e casado é homem despencado. Portanto, vá embora e tenha a coragem de abandoná-la. Vá. O rei prejudicou você. Mas, sobre isso, bico fechado.

Saem.

CENA IV – NO PALÁCIO DO REI, EM PARIS.

Entram Helena e Lavatch (o Bobo).

HELENA – Minha mãe mandou lembranças de modo muito afetuoso. Está bem, ela?

LAVATCH – Não, ela não está bem, mas está com boa saúde. Ela está muito feliz, mas assim mesmo ela não está bem. Mas, graças sejam dadas, ela está muito bem e não lhe falta nada neste mundo; assim mesmo, ela não está bem.

HELENA – Se ela está muito bem, o que a está afligindo que ela não está muito bem?

LAVATCH – Na verdade, ela está realmente muito bem, a não ser por duas coisas.

Helena – Que duas coisas?

Lavatch – Uma, que ela não está no céu, para onde ela quer que Deus a mande logo! Outra, que ela está na terra, de onde ela quer que Deus a tire logo!

Entra Parolles.

Parolles – Que Deus a abençoe, minha bem-afortunada dama!

Helena – Espero, *sir*, poder contar com a sua boa vontade para comigo, para ser bem-afortunada.

Parolles – A senhora teve as minhas preces para tanto e, para continuar sendo bem-aventurada, ainda as tem. Ah, meu lacaio, como tem passado a minha velha senhora?

Lavatch – Para que você tivesse as rugas dela, e eu, o dinheiro dela, queria que ela estivesse como você disse.

Parolles – Ora, eu não disse nada.

Lavatch – Puxa vida, você é o criado mais inteligente; porque não são poucos os criados que, por dar com a língua nos dentes, arruínam o seu patrão. Não dizer nada, não fazer nada, não saber nada e não ter nada: isso deve fazer parte do seu nome (Parolles), que está muito perto de ser nada.

Parolles – Xô, vai, passa adiante, Lavatch. Tu és um lacaio.

Lavatch – Devia ter dito diferente, *sir*: "Diante de um lacaio, tu és um lacaio". Ou seja: "Diante de mim, tu és um lacaio". Isso teria sido verdade, *sir*.

Parolles – Vai-te embora. Tu és um bobo esperto; isso é o que descobri te observando.

Lavatch – E foi sozinho que descobriu, me observando em mim a si mesmo, *sir*? Ou tiveram que lhe ensinar a me descobrir? A descoberta é lucrativa, *sir*, e muito de bobo o senhor pode encontrar em si mesmo, até para a diversão dos outros e para haver mais risadas no mundo.

Parolles – Um bom lacaio, por minha fé, e bem-alimentado. Madame, o meu lorde vai partir hoje à noite; um assunto de extrema gravidade requer a presença dele. Ele reconhece que a senhora tem o direito de exigir nesta hora o cumprimento de sua grande prerrogativa e dos rituais do amor, mas isso ele adia, diante de uma abstinência forçada. A ausência e a demora serão semeadas com flores que, destiladas no tempo de espera, farão a hora prometida derramar-se em alegrias, transbordante de prazer.

Helena – Fora isso, o que ele deseja de mim?

Parolles – Que a senhora despeça-se imediatamente do rei e faça parecer que essa pressa em partir é ideia sua e reforce-a com qualquer desculpa plausível.

Helena – E que outras ordens ele manda?

Parolles – Depois de conseguir isso, que a senhora aguarde por novas ordens.

Helena – Em tudo e sempre, estarei aguardando pela vontade dele.

Parolles – Levarei a ele esse seu recado.

Sai Parolles.

Helena – Peço-lhe que assim o faça. Vamos indo, criatura.

Saem.

CENA V – NO PALÁCIO DO REI, EM PARIS.

Entram Lafew e Bertram.

LAFEW – Só espero que Sua Senhoria não pense que ele é um soldado.

BERTRAM – Mas sim, milorde, e ele já deu provas de sua valentia.

LAFEW – Isso você escutou dele mesmo.

BERTRAM – Tenho testemunho garantido de terceiros.

LAFEW – Então o meu relógio está errado. Eu tinha certeza que essa lebre era um gato.

BERTRAM – Eu lhe asseguro, milorde: ele tem conhecimento tão vasto quanto sua valentia.

LAFEW – Então pequei contra a experiência dele e transgredi contra o seu valor, e agora minha posição é perigosa, porque não encontro em meu coração motivos de arrependimento. Aí vem ele. Eu lhe peço que nos faça ficar amigos. Buscarei ser amigável para com ele.

Entra Parolles.

PAROLLES *[dirigindo-se a Bertram]* – Aquelas coisas serão providenciadas, *sir*.

LAFEW – Diga-me, *sir*, quem é o alfaiate dele?[17]

PAROLLES – *Sir*!

LAFEW – Ah, eu conheço bem ele, *sir*; esse, *sir*, é um bom operário, um ótimo alfaiate.[18]

---

17. Lafew está referindo-se aos trajes excessivamente ornamentados e coloridos de Parolles. (N.T.)
18. Lafew está fingindo que "*Sir*" é o nome do alfaiate. (N.T.)

BERTRAM *[à parte, dirigindo-se a Parolles]* – Ela já foi falar com o rei?

PAROLLES – Foi.

BERTRAM – E vai embora ainda esta noite?

PAROLLES – Como você mandou.

BERTRAM – Já escrevi a carta, guardei o meu dinheiro bem guardado, dei ordens quanto aos nossos cavalos e, logo mais à noite, quando eu deveria tomar posse da noiva, acabo tudo antes de começar.

LAFEW – Um bom viajante é um bom contador de lorotas ao fim de um jantar; mas, se ele mente três terços e usa uma verdade inteira e conhecida de todos para contar mil coisas nenhumas, devemos dar-lhe os dois ouvidos uma vez e uma surra duas vezes. Que Deus o tenha, capitão.

BERTRAM – Existe algum desentendimento entre este meu bom lorde e você, *monsieur*?

PAROLLES – Não faço ideia de como incorri no desagrado de milorde.

LAFEW – Você se preparou e correu e incorreu no meu desagrado com botas, esporas e tudo o mais, como o Bobo da Corte que se joga dentro de uma torta de creme e merengue. E agora você sai correndo de novo para não incorrer no deslize de responder por seus atos.

BERTRAM – Pode ser que o senhor o tenha entendido mal, milorde.

LAFEW – E vou entendê-lo mal sempre, ainda que o pegue rezando. Passe bem, milorde, e acredite em mim: não tem estofo nessa cara de pau; a alma desse homem está nas roupas que ele veste. Não confie nele em assuntos de relevância. Mantenho alguns dessa laia domesticados e conheço-lhes o caráter. Adeus, monsieur. Falei bem de você, melhor do que você já mereceu, merece ou merecerá, vindo de mim. Mas o mal devemos retribuir com o bem.

Sai.

PAROLLES – Um lorde tolo, esse daí.

BERTRAM – Acho que sim.

PAROLLES – Ora, vai me dizer que você não o conhece!

BERTRAM – Conheço, sim, e conheço bem, e, pelo que dizem, ele goza de boa reputação. Aí vem a minha canga.

Entra Helena.

HELENA – Já falei, *sir*, como você me ordenou, com o Rei. Busquei junto a ele obter licença para viajar imediatamente. Agora ele quer conversar em particular com você.

BERTRAM – Obedecerei à vontade dele. Você não deve ficar espantada, Helena, com minhas decisões, que não combinam com a data de hoje e deixam de cumprir com a obrigação exigida de um marido. Eu não estava preparado para esse compromisso, daí que me encontro bastante agoniado. Isso me leva a suplicar que você tome o caminho de casa logo e pense, em vez de perguntar, no porquê de eu estar lhe suplicando tal coisa, pois as minhas razões são melhores do que parecem, e os meus assuntos têm neles próprios uma urgência maior do que pode parecer à primeira vista para você, que não os conhece. Isto aqui é para a minha mãe.

Entrega-lhe uma carta.

Vão se passar dois dias até que eu a veja de novo; portanto, deixo-a aos cuidados de sua própria inteligência.

HELENA – *Sir*, eu não posso dizer nada, exceto que sou sua mais obediente serva.

BERTRAM – Ora, vamos, pare com isso.

HELENA – E sempre estarei fielmente às ordens para complementar tudo o que para mim os astros não me concederam e para fazer jus à minha boa sorte.

BERTRAM – Esqueça. Estou com muita pressa. Adeus. Vá logo para casa.

HELENA – Eu suplico, *sir*, o seu perdão.

BERTRAM – Bom, o que você está querendo me dizer?

HELENA – Não sou merecedora da riqueza que possuo, nem me atrevo a dizer que é minha; e, no entanto, ela é; mas, como um ladrão amedrontado, tenho vontade de roubar o que a lei me garante ser meu.

BERTRAM – O que é que você quer?

HELENA – Uma coisa pouca, e praticamente não é muito; na verdade, não é nada. Não desejo dizer-lhe o que desejo, milorde. Por minha fé, digo, sim: estranhos e inimigos é que se separam sem um beijo de despedida.

BERTRAM – Eu lhe suplico, não se demore aqui, mas vá tratando de montar o seu cavalo, depressa.

HELENA – Não vou desobedecer ao seu pedido, milorde. E os outros homens a meu serviço, onde estão? Monsieur, adeus.

Sai.

Bertram – Vai-te embora para casa, aonde nunca mais irei enquanto puder brandir minha espada e escutar o tambor anunciando a batalha. Adeus, e nós para a nossa fuga.

Parolles – Bravo! *Corragio*!

Saem.

TERCEIRO ATO

CENA I – NO PALÁCIO DO DUQUE, EM FLORENÇA.

Fanfarra. Entram o Duque de Florença e os dois franceses (Primeiro e Segundo Lordes Dumaine), com uma tropa de soldados.

Duque – De ponta a ponta, vocês escutaram as razões fundamentais para esta guerra, que se decide, violenta, com muito sangue derramado e sede de muito mais.

Primeiro Lorde – Parece ser sagrada a batalha de parte de Sua Graça; negra e medonha de parte do inimigo.

Duque – Por isso muito nos admira nosso primo de França querer, diante de assunto tão justo, fechar o coração diante de nossas preces por auxílio.

Segundo Lorde – Meu bom lorde, não sei dizer quais seriam as razões de nosso reino. Mas, como homem comum, que não faz parte dos Conselhos de Estado e que mal consegue imaginar as grandes tratativas de um Conselho com os meus pensamentos agitados e inadequados, não me atrevo a dizer o que penso disso, uma vez que, todas as vezes em que, sobre os meus parcos conhecimentos, tentei tecer conjeturas, eu estava errado.

Duque – Que seja como ele quiser.

Primeiro Lorde – Mas tenho certeza que os mais jovens de nossa estirpe, que adoecem na ociosidade, estarão aqui chegando todos os dias, buscando curar-se pela sangria.

Duque – E serão bem-vindos, esses. E todas as honras que por nós puderem ser concedidas, serão neles depositadas. Os senhores conhecem bem os seus postos. Quando melhores houver, serão seus. Amanhã, ao campo de batalha.

Fanfarra. Saem.

CENA II – EM ROSSILLION, NO PALÁCIO DO CONDE.

Entram a Condessa e Lavatch (o Bobo).

Condessa – Aconteceu tudo como eu queria, menos ele não ter vindo junto com ela.

Lavatch – Por minha fé, penso que o meu jovem conde é um homem carregado de melancolia.

Condessa – Baseado em quê, pergunto eu.

Lavatch – Ora, ele olha as próprias botas e canta, ajusta a gola no pescoço e canta, faz perguntas e canta, palita os dentes e canta. Conheci um homem que tinha esse mesmo cacoete melancólico, e ele vendeu um palacete a preço de banana: em troca de uma canção.

Condessa – Deixe-me ver o que ele escreveu, e quando está pensando em voltar.

[Abrindo a carta.]

Lavatch – Não tenho pensamentos para Isbel desde que estive na corte. O nosso bacalhau daqui e a nossa Isbel do campo não são nada em comparação com o seu bacalhau de lá e as suas Isbéis da corte. O cérebro do meu

Cupido foi nocauteado, e eu comecei a amar como um velho que ama o dinheiro: sem nenhum apetite.

Condessa – Mas o que temos aqui?

Lavatch – O mesmo que a senhora tem aí.

Condessa *[lendo a carta]* – "Envio-lhe uma nora; ela recuperou a saúde do rei e arruinou a minha. Casei, mas não me deito com ela, e este 'não' eu jurei a mim mesmo: é eterno."

Lavatch – Decisão cabal: nada de cabaço!

Sai.

Condessa *[continua lendo]* – "A senhora ficará sabendo que fugi; saiba então antes que lhe contem. Se o mundo for grande o suficiente, fico longe. Receba o respeitoso abraço de seu desaventurado filho, Bertram."

Isso não está nada bem, meu filho: tu, um rapaz precipitado e imprudente, fugir dos favores de um rei tão bom, atiçando a indignação de Sua Majestade sobre tua cabeça ao menosprezar uma donzela tão virtuosa que nem mesmo um imperador a desdenharia!

Entra Lavatch (o Bobo).

Lavatch – Ah, madame, chegaram notícias tristes entre dois soldados e a nossa jovem dama!

Condessa – Qual é o problema?

Lavatch – Bem, as novas trazem algum conforto, um certo consolo. O seu filho, senhora, não vai ser morto tão cedo como eu imaginei.

Condessa – Por que matariam o meu filho?

Lavatch – Isso é o que eu penso, madame, se ele tivesse fugido, como ouvi dizer que fugiu. O perigo está em deixar-se ficar, teso, rígido, pois é aí onde o homem está perdido, mas, por outro lado, é assim que são feitos os nenéns. Aqui estão eles, os que vão lhe contar mais, madame. De minha parte, só ouvi falar que o seu filho desertou.

Entram Helena e dois Cavalheiros (Primeiro e Segundo Lordes Dumaine).

SEGUNDO LORDE – Que Deus a tenha, bondosa senhora.

HELENA – Madame, o meu amo e senhor se foi, para sempre; se foi.

PRIMEIRO LORDE – Não fale assim.

CONDESSA – Vamos pensar com calma. Por favor, cavalheiros, eu venho passando por tantos golpes de alegria e de dor que a surpresa de, pela primeira vez, não me deparar nem com a alegria nem com a dor me faz chorar um choro de mulher. Por favor, cavalheiros: onde está o meu filho?

PRIMEIRO LORDE – Madame, ele foi servir o Duque de Florença. Encontramos com ele em sua viagem para lá, pois de lá estamos vindo. E, depois de despachar alguns assuntos urgentes na corte, é para lá que estamos voltando.

HELENA – Olhe a carta que ele me escreveu, madame: ela é o meu passaporte.[19]

[Lendo:] "Quando tu conseguires ter o anel que trago no dedo, e que deste meu dedo jamais sairá, e me mostrares um filho por teu corpo parido e de quem seja eu o pai, então podes me chamar de marido. Com este 'então podes' estou te escrevendo 'nunca poderás'."

Que frase horrível!

---
19. Licença para viajar para longe de casa. (N.T.)

Condessa – Os senhores trouxeram essa carta, cavalheiros?

Primeiro Lorde – Sim, madame, e, dado o teor, lamentamos ter sido nossa a incumbência de trazê-la.

Condessa – Eu te peço, Helena, põe-te mais animada. Se vais monopolizar todo o sofrimento, estás me roubando de mim a minha metade. Ele era meu filho, mas lavo do meu sangue o nome dele, e agora tu és minha filha, e filha única. Foi para Florença, ele?

Primeiro Lorde – Sim, madame.

Condessa – E para ser um soldado?

Primeiro Lorde – Este é o seu nobre propósito, e, acredite-me, o duque vai outorgar ao conde todas as honras exigidas por sua posição na nobreza.

Condessa – Os senhores estão retornando para lá?

Segundo Lorde – Sim, madame, com toda a pressa possível.

Helena *[lendo]* – "Enquanto eu tiver esposa na França, eu tenha é nada na França." É muito amargo.

Condessa – Isso você encontrou na carta?

Helena – Sim, madame.

Segundo Lorde – Talvez fosse apenas o ímpeto de sua mão; uma coisa com a qual o coração não consente.

Condessa – Ele não quer ter nada na França até que não tenha uma esposa na França! Aqui não tem nada que seja bom demais para ele a não ser Helena, e ela merece um lorde que tivesse vinte rapazes assim grosseiros como serviçais e que a tratassem por "senhora" a todo instante. Quem estava com ele?

Segundo Lorde – Apenas um criado, e um cavalheiro que encontrei uma vez.

Condessa – Parolles, não foi?

Segundo Lorde – Sim, minha boa senhora, esse mesmo.

Condessa – Um sujeito que não vale nada, e cheio de maldades. Meu filho está corrompendo uma boa natureza herdada com os incitamentos do outro.

Segundo Lorde – Deveras, *milady*, o sujeito esse usa bastante disso, demais até, coisa que o põe em posição vantajosa.

Condessa – Os senhores são bem-vindos, cavalheiros. Eu vou lhes pedir o favor de, quando virem o meu filho, dizer a ele que sua espada jamais conseguirá repor a honra que ele vier a perder. E outras palavras, vou lhes pedir que levem junto consigo, por escrito.

Primeiro Lorde – Estamos às suas ordens, madame, neste e em todos os seus outros meritórios assuntos.

Condessa – Não, nada disso. Os senhores só podem colocar-se à minha disposição enquanto estamos trocando gentilezas. Agora podem me acompanhar?

Sai com os Lordes Dumaine.

Helena – "Enquanto eu tiver esposa na França, eu tenha é nada na França." Ele não quer ter nada na França até que não tenha uma esposa na França! Tu não terás nenhuma, Rossillion, nenhuma esposa na França; então tudo será teu de novo, na França. Pobre homem, sou eu que te escorracei do teu país? Eu que expus teus magros braços e pernas aos azares de uma guerra que não poupa a ninguém? E sou eu que te tirei dos prazeres da corte, onde miravam em ti com belos olhos, para te pôr na mira de mosquetes fumegantes? Ah, mensageiras de chumbo,[20] que viajam na violenta velocidade do fogo, voem com falsos alvos, penetrem o ar que tudo invade e que por isso assobia penetrante, mas não toquem no meu amo e senhor. Quem atirar contra ele, fui eu quem o coloquei ali; quem golpear-lhe o peito guerreiro, sou eu a desgraçada que o levei a tanto; e, embora eu não o mate, sou a causa de sua morte dar-se assim. Melhor seria se eu tivesse encontrado o leão devorador quando rugiu coagido pela fome; melhor seria que todas as desgraças que a natureza possui fossem minhas, todas juntas a um só tempo. Ai, vem para casa, Rossillion, volta daí de onde a honra só ganha cicatrizes; e isso quando consegue vencer o perigo, pois do contrário perde tudo. Vou-me embora. Ficar eu aqui é o que te mantém longe. Devo estar aqui para te manter afastado? Não, de modo algum, ainda que esta casa seja ventilada por ares de paraíso, ainda que sejam anjos os que executam as tarefas diárias. Vou-me embora. Que os rumores apiedados relatem a minha fuga para consolar os teus ouvidos. Vem, noite. Termina, dia. Com a escuridão, uma pobre ladra, vou--me embora daqui.

Sai.

CENA III – EM UM CAMPO DE BATALHA EM FLORENÇA.

Fanfarra. Entra o Duque de Florença, Bertram (Conde de Rossillion), tocadores de tambor e de trombetas, Soldados e Parolles.

---

20. As balas das armas de fogo. (N.T.)

Duque – Ficas sendo o general da nossa cavalaria, e nós, plenos de esperança, apostamos o nosso melhor afeto e a nossa confiança em tua promissora sorte futura.

Bertram – *Sir*, essa é uma carga por demais pesada para as minhas forças, mas assim mesmo ponho todo o meu esforço em levá-la, em prol de seus meritórios interesses, até os últimos limites do máximo perigo.

Duque – Então vai, e que a Fortuna concentre-se em teu próspero elmo como se fosse tua amante auspiciosa!

Bertram – Hoje mesmo, Marte, grande deus da guerra, venho engrossar vossas fileiras. Fazei com que eu seja bem como sou em meus pensamentos, e vou provar que sou apaixonado por vossos tambores, um desapaixonado do amor.

Saem.

CENA IV – EM ROSSILLION, NO PALÁCIO DO CONDE.

Entram a Condessa e Rinaldo (seu Intendente).

Condessa – Ai de mim! E você aceitou a carta das mãos dela? Não lhe passou pela cabeça que ela ia fazer exatamente o que fez, ao me enviar uma carta? Leia de novo.

Rinaldo *[lendo a carta]* – "Sou peregrina de Santiago de Compostella, e para a Espanha eu me fui. Em mim, o amor ambicioso tanto pecou que, de pés descalços, arrasto-me no chão frio com os votos solenes e sagrados de corrigir os meus erros. Escreva, escreva, para que possa apressar-se em voltar do curso sangrento da guerra o meu adorado amo e senhor, o seu amado filho. Que ele seja abençoado na paz de sua própria casa, enquanto eu, de longe, santifico-lhe o nome com zeloso fervor. Quanto a toda a trabalheira que ele teve, peça-lhe que me perdoe. Eu, sua desprezível Juno,[21] mandei-o para longe de seus amigos da corte, para viver entre inimigos em campo de batalha, onde a morte e o perigo vivem no encalço da coragem. Ele é puro demais, bom demais, tanto para mim quanto para a morte, a quem eu mesma abraçaria para colocá-lo em liberdade."

CONDESSA – Ah, quantas ferroadas têm até mesmo as palavras mais amenas! Rinaldo, você nunca demonstrou tão pouco discernimento como agora, deixando que ela se fosse. Tivesse eu falado com ela, poderia ter dispersado suas intenções; mas a isso ela se antecipou.

RINALDO – Perdoe-me, madame. Se eu tivesse lhe entregado isto noite passada, talvez ainda pudéssemos alcançá-la. Porém, ela escreve aqui que seria em vão procurar por ela.

CONDESSA – Que anjo é esse que ainda abençoa esse marido indigno? Ele não tem como progredir, a não ser que as preces dela, que os céus ouvem com prazer e concedem com mais prazer ainda, possam resgatá-lo da ira da justiça divina. Escreva, escreva, Rinaldo, para esse marido indigno da esposa que tem. Faça com que cada palavra engrandeça a estatura dela, esta mesma que ele insiste em apequenar. Meu imenso pesar (mesmo que não pese no coração dele), descreva-o com palavras duras. Dê despacho à carta pelo mensageiro mais conveniente. Pode ser que, ao saber que ela partiu, ele volte, e eu possa ter esperanças de que ela, ao ficar sabendo disso, apresse

---
21. Na mitologia da Roma Antiga, Juno foi a inimiga de Hércules, ser de força descomunal, e a ele impôs os famosos doze trabalhos. (N.T.)

o passo de novo e se deixe conduzir até aqui pelo mais puro amor. Qual dos dois me é mais caro? Não tenho condições de fazer essa distinção. Providencie a jornada do mensageiro. Meu coração está pesado, e minha idade é frágil. O meu pesar pede por lágrimas, e o meu sofrimento me leva a falar.

Saem.

CENA V – NAS PROXIMIDADES DE FLORENÇA.

Ouve-se ao longe um toque de trombeta. Entram uma velha Viúva de Florença, sua filha Diana, mais Violenta e Mariana, com outros Cidadãos.

VIÚVA – Não, não. Vamos lá, porque, se eles chegarem perto da cidade, não vamos conseguir ver nada.

DIANA – Dizem que o conde francês tem sido militar dos mais honoráveis no cumprimento do dever.

VIÚVA – Pois relataram que ele capturou o principal comandante dos sienitas, e que, com as próprias mãos, matou o irmão do duque.

Toque de trombetas.

Nossos esforços estão perdidos; eles foram para o lado contrário. Escutem só! Dá para saber, pelas trombetas.

MARIANA – Vamos, agora é voltar e nos contentarmos com os relatos da guerra. Bem, Diana, acautele-se contra esse conde francês. A honra de uma virgem é a sua reputação, e não existe legado maior que o da honestidade de uma donzela.

Viúva – Contei à minha vizinha que você foi cortejada por um cavalheiro acompanhante dele.

Mariana – Sei muito bem quem é esse calhorda, que merece a forca, esse tal de Parolles; um agente imundo ele é, nessas sugestões que ele faz em nome do jovem conde. Cuidado com eles, Diana; as promessas, os atrativos, as juras, os mimos e todos esses ardis da luxúria: nada é o que parece ser. Muitas e muitas donzelas foram por eles seduzidas, e o mais horrível nisso tudo é que essas mostras tão terríveis de virgindades arruinadas nem assim conseguem evitar a sucessão de maus exemplos, pois são todas fisgadas com a própria vara que as ameaça. Só espero não ter que lhe dar ainda mais conselhos, pois espero que a sua própria virtude mantenha você bem aonde você está, apesar de não existir perigo maior que o perigo de perder a modéstia.

Diana – De minha parte, a senhora não tem com o que se preocupar.

Entra Helena.

Viúva – Assim eu espero. Olhem, vem chegando uma peregrina. Tenho certeza que ela vai se hospedar em minha casa. Quem já esteve aqui vai mandando os outros. Vou interrogar essa aí. Que Deus a tenha, peregrina. Está indo em que direção?

Helena – Para Saint Jaques le Grand. Por favor, onde se hospedam os palmeiros?

Viúva – Aqui em Saint Francis, logo nos portões da cidade.

Helena – É por esse caminho?

Ouve-se ao longe os soldados em marcha.

Viúva – Sim, claro, por aí. Escutem todas, eles vão passar por aqui. Se você quiser esperar, santa peregrina, até que as tropas tenham passado, eu levo você até onde você pode se hospedar, o que é melhor, porque acho que conheço a sua estalajadeira tão bem quanto me conheço a mim mesma.

Helena – É a senhora?

Viúva – Se for do seu agrado, peregrina.

Helena – Pois sim, muito obrigada. Vou esperar pela senhora, não se apresse por minha causa.

Viúva – Você está vindo da França, certo?

Helena – Isso mesmo.

Viúva – Pois aqui você vai encontrar um conterrâneo seu que vem prestando serviços mui valorosos.

Helena – Qual o nome dele, por favor?

Diana – É o Conde Rossillion. Você o conhece?

Helena – Só de ouvir falar, e tudo que falam dele é de muita nobreza. Mas não sei como ele é.

Diana – Seja lá como for, ele é tido em alta consideração por aqui. Saiu fugido da França; pelo que dizem, porque o rei fez ele casar contra sua vontade. Você acha que é isso mesmo?

Helena – Sim, com certeza, essa é bem a verdade; conheço a dama.

Diana – Tem um cavalheiro a serviço do conde que fala muito mal dela.

Helena – Qual o nome dele?

Diana – Monsieur Parolles.

Helena – Ah, eu acredito nele. No que diz respeito ao mérito dela, ou seja, em comparação com o grande conde, ela não tem o mesmo berço e, assim, não merece nem mesmo que lhe pronunciem o nome. O único mérito dela é a estrita observação de sua honestidade de donzela, e isso eu nunca ouvi dizer que alguém coloque em dúvida.

Diana – Coitada! Pobre dama; é uma dura escravidão, estar casada com um homem que a detesta.

Viúva – Pois eu a chamo de "boníssima criatura". Onde quer que esteja, ela traz o coração pesado de tanta tristeza. Esta jovem donzela aqui, se quisesse, podia dar uma rasteira bem dolorida na esposa.

Helena – Isso quer dizer o quê? O conde apaixonado está cortejando-a com esse propósito ilegítimo?

Viúva – Está cortejando, sim, e usa de todos os meios para conseguir esse namoro ilegal, para corromper a suave honra de uma donzela. Mas ela está bem armada contra ele, e mantém a guarda sempre erguida, na mais honesta das defesas.

Tambores e estandartes. Entram Bertram (Conde de Rossillion), Parolles e todo o exército.

Mariana – Que os deuses não permitam que seja de outro modo!

Viúva – Então, aí vêm eles. Aquele é Antônio, o filho mais velho do duque. E aquele, Éscalo.

Helena – Qual deles é o francês?

Diana – Ali, aquele com a pluma. É um sujeito muito elegante. Meu desejo é que ele se apaixonasse pela esposa. Se fosse mais honesto, seria um homem bem melhor. Não é bonito, o nobre francês?

Helena – Ele me agrada, assim como é.

Diana – É uma pena que não seja honesto. E aquele lá é o salafrário que arrasta o nobre francês para esses lugares. Fosse eu a esposa, envenenava aquele bandalho sem-vergonha.

Helena – Qual é ele?

Diana – Aquele macaco cheio de fitas. Por que será que ele está triste?

Helena – Talvez tenha se ferido na batalha.

Parolles – Perder o tambor! Ora…

Mariana – Ele está profundamente contrariado com alguma coisa. Veja, ele está disfarçando, mas está olhando para nós.

Viúva – Ora, vá se enforcar!

Mariana – E também as suas mesuras, seu guri de recados nojento.

Saem Bertram, Parolles e o exército.

Viúva – A tropa já passou. Vamos, peregrina, que vou levar você até onde você vai ficar hospedada. Só de penitentes já tem quatro ou cinco, a caminho da gloriosa Saint Jaques, que estão parando em minha casa.

Helena – Com toda humildade, eu lhe sou grata. Se for do agrado da dona da casa e desta gentil donzela cear conosco esta noite, fica tudo por minha conta, e fico, além disso, agradecida. Para retribuir ainda mais, presentearei com alguns conselhos dignos de nota esta notável virgem.

Ambas – Aceitamos sua oferta com prazer.

Saem.

CENA VI – NO ACAMPAMENTO DO EXÉRCITO FLORENTINO.

Entram Bertram (Conde de Rossillion) e os franceses (Primeiro e Segundo Lordes Dumaine), como antes.

Segundo Lorde – Não, meu bom lorde. Coloque-o à prova. Deixe que as coisas corram como ele quer.

Primeiro Lorde – Se Sua Senhoria acha que ele não é um cagarolas, não vou mais querer que me tenha em sua estima.

Segundo Lorde – Pela minha alma, milorde: um bolha!

Bertram – Vocês acham que estou redondamente enganado com ele?

Segundo Lorde – Acredite, milorde, naquilo que eu sei por experiência própria: sem nenhuma maldade, falando dele como se fosse de um parente meu, eu lhe digo que ele é um rematado covarde; conta mentiras sem fim e mente sempre; a toda hora quebra promessas; e não tem uma única boa qualidade que mereça a atenção de Sua Senhoria.

Primeiro Lorde – Seria conveniente para você conhecê-lo melhor, para que não se confie demais nas qualidades do sujeito (porque ele não tem nenhuma), pois ele poderia, em algum assunto de importância e que exigisse confiança com referência a um perigo maior, simplesmente deixá-lo na mão.

Bertram – Se pelo menos eu soubesse em que situação em particular eu devo pôr Parolles à prova!

Primeiro Lorde – Não tem situação melhor que deixá-lo recuperar o tambor perdido, coisa que você ouviu ele mencionar, muito seguro de si, que poderia fazer.

Segundo Lorde – Eu, com uma tropa de florentinos, vou chegar de surpresa e capturá-lo. Vou levar comigo só homens que ele não conhece, para que ele pense que são o inimigo. Vamos amarrar-lhe as mãos e vendar-lhe os olhos, de modo que, quando o trouxermos para as nossas barracas, ele vai necessariamente concluir que está sendo carregado para o acampamento do adversário. Quando ele for interrogado, esteja Sua Senhoria presente, e eu lhe peço que nunca mais confie em meu julgamento das coisas se ele não concordar em traí-lo para salvar a própria pele, se ele não se oferecer para entregar todas as informações que tem contra Sua Senhoria, levado por enorme compulsão que ele traz atrelada ao medo mais vil; e isso tudo ele fará, empenhando até mesmo a própria alma (pois a lealdade dele para com Sua Senhoria é um acerto sob juramento divino).

Primeiro Lorde – Ah, nem que seja para darmos boas risadas, deixe-o buscar o tambor. Ele diz que tem um estratagema. Quando Sua Senhoria ver até que ponto ele vai, e ver em que tipo de metal vai ser derretido esse grumo de falso minério de ouro, se ainda assim Sua Senhoria não lhe der o tratamento pé-na-bunda-porta-afora, é porque não consegue ser imparcial quando o assunto é Parolles. Aí vem ele.

Entra Parolles.

Segundo Lorde – Ah, nem que seja para darmos boas risadas, não coloque empecilhos à honra do desígnio desse homem. De qualquer jeito, deixe-o buscar o tambor.

Bertram – E então, *monsieur*? Esse tambor é uma pedra no seu sapato.

Primeiro Lorde – Que se dane! Esqueça, vá! É só um tambor.

Parolles – Só um tambor! Será que é só um tambor? Mas perdido de que jeito, esse tambor! Excelente comando de atacar aquele para avançar com a nossa cavalaria sobre os nossos próprios flancos e estraçalhar os nossos próprios soldados!

Primeiro Lorde – Não se pode pôr a culpa nas ordens da ação militar; foi um desastre de guerra que nem mesmo Júlio César teria conseguido prevenir, estivesse ele no comando.

Bertram – Bem, não podemos condenar com tanta severidade o sucedido. Arcamos com a desonra de perder aquele tambor, mas não temos como recuperá-lo.

Parolles – Podia ter sido recuperado.

Bertram – Podia, mas não foi.

Parolles – Ele deve ser recuperado. Não fosse o mérito da ação raramente ser atribuído a quem verdadeira e exatamente a executou, eu reaveria esse ou qualquer outro tambor, ou... aqui jaz.

Bertram – Ora, se você tem estômago para tanto, vá em frente, *monsieur*. Se você acha que a sua maestria em estratagemas pode trazer esse instrumento de honra bélica de volta para o seu alojamento de origem, seja magnânimo na empreitada e vá em frente. Sempre apoio as tentativas de se obter uma façanha meritória. Se você for bem-sucedido, o duque não só vai comentar o feito publicamente, mas também vai estender a você tudo o mais que vier beneficiar sua grandeza real, até a última sílaba do seu valor.

Parolles – Por esta mão de soldado, vou levar adiante essa empreitada.

Bertram – Agora, você não pode dormir no ponto.

Parolles – Começo a tratar disso já esta noite, e vou primeiro colocar por escrito os meus dilemas, corroborar comigo mesmo as minhas certezas, colocar-me em preparação mortal. Quando for meia-noite, pode ter certeza: colocarei você a par dos detalhes.

Bertram – Posso então adiantar-me e comunicar a Sua Graça que você vai fazer isso?

Parolles – Não sei qual será o resultado, milorde, mas prometo que vou tentar.

Bertram – Sei que tu és valente, e, quanto à tua capacidade como soldado, essa eu garanto em teu nome. Adeus.

Parolles – Não gosto de muitas palavras.

Sai.

Segundo Lorde – Como o peixe não gosta de água. Não lhe parece ser esse um sujeito estranho, milorde, que com tanta segurança está se aventurando nessa empreitada que ele sabe que não é viável, e jura falsamente que vai fazer, e condena-se ao perjúrio por não fazer?

Primeiro Lorde – Você não o conhece, milorde, como nós. É certo que ele vai insinuar-se para cair nas graças de alguém e por uma semana escapar-se de que se descubram coisas sobre ele. Mas, quando você o desmascarar, você o tem nas mãos para sempre.

Bertram – Ora, mas vocês acreditam mesmo que ele não vai cumprir nada disso que com tanta seriedade ele se comprometeu a fazer?

Segundo Lorde – Nadinha. E vai voltar aqui com uma história inventada e vai sapecar em você duas ou três mentiras plausíveis. Mas nós já o temos praticamente encurralado e agora sem muito fôlego, e você vai ver, esta noite, como ele está acuado. Deveras, milorde, ele não merece o seu respeito.

Primeiro Lorde – Vamos providenciar para que você tenha alguma diversão com a raposa, antes de lhe arrancar a pele. Ele primeiro foi farejado pelo velho Lorde Lafew. Quando seu disfarce e ele estiverem separados, você vai me dizer que sujeitinho porcaria ele é, coisa que vamos ver ainda esta noite.

Segundo Lorde – Preciso providenciar os gravetos para a armadilha. Ele vai ser apanhado.

Bertram – O seu irmão, ele deve me acompanhar.

Segundo Lorde – Como for do agrado de Sua Senhoria. Eu agora me retiro.

Sai.

Bertram – Agora vou levá-lo até a casa e mostrar-lhe a moça de quem lhe falei.

Primeiro Lorde – Mas você me disse que ela é donzela honesta.

Bertram – Pois é esse o grande problema. Falei com ela uma vez só e achei-a gelada de tão fria, mas assim mesmo enviei a ela... por esse mesmo bobalhão que estamos agora perseguindo contra o vento para que ele não nos fareje... enviei mimos e cartas que ela mandou de volta, e isso foi tudo o que fiz. É uma bela criatura. Você vai querer vê-la, não?

Primeiro Lorde – De todo o coração, milorde.

Saem.

CENA VII – EM FLORENÇA, NA CASA DA VIÚVA.

Entram Helena e a Viúva.

HELENA – Se a senhora duvida de mim, duvida que eu seja ela, não sei como posso lhe dar mais provas sem perder terreno nesta situação que estou armando.

VIÚVA – Embora o meu patrimônio tenha diminuído com o tempo, eu sou bem-nascida e nunca me meti em negócios desse tipo e não vou arriscar minha reputação em nenhum ato ilícito.

HELENA – Nem eu lhe pediria uma coisa dessas. Primeiro, acredite em mim: o conde é meu marido, e o que lhe contei no mais estrito sigilo é verdade, palavra por palavra. Segundo, pela boa ajuda que vou de si tomar emprestada, você não tem como errar ao me emprestá-la.

VIÚVA – Acho que eu deveria acreditar em você, já que me mostrou a prova concreta de sua riqueza.

HELENA – Tome esta bolsa de moedas de ouro e deixe-me comprar a sua simpática ajuda por enquanto, uma ajuda que vou pagar generosamente ao pagar de novo quando tiver me ajudado. O conde, ele corteja a sua filha, e está deitando cerco indecente diante da beleza da moça, decidido a conquistá-la. Permita que ela dê consentimento a isso em poucas palavras, e nós a instruiremos sobre como melhor conduzir a situação. O sangue apaixonado e inoportuno dele não se negará a fazer o que ela pedir. O conde usa um anel que tem passado de pai para filho na casa dos Rossillion já faz quatro ou cinco gerações, desde que o usou o primeiro conde dessa linhagem. Pois esse anel ele tem na mais alta estima. No entanto, no fogo da luxúria, para ganhar o objeto de seu desejo, o anel não terá tanto valor afetivo, por mais que depois ele se arrependa.

Viúva – Agora estou vendo o alcance do seu plano.

Helena – Então pode ver que ele é legítimo. Basta que a sua filha, antes de dar a entender que foi conquistada, dê a entender que deseja o anel. Que ela combine com ele um encontro. Em resumo: ela me deixa ocupar o seu lugar durante o tempo do encontro, e ela se garante ausente e casta, depois do que acrescento, à soma que já lhe terei dado, três mil coroas para o casamento de sua filha.

Viúva – Eu concordo com o que está me pedindo. Você orienta minha filha quanto a como ela deve se conduzir para que o tempo e o local do encontro estejam de acordo com esse legítimo engodo. Todas as noites ele chega com músicos de todo tipo, e com músicas feitas sob encomenda para seduzi-la. De nada nos adianta enxotá-lo de nosso beiral, pois ele persiste como se a própria vida dependesse daquilo.

Helena – Ora, mas então esta noite mesmo vamos tentar o nosso plano, porque, se der certo, teremos a intenção lícita e a intenção depravada simultaneamente consumadas em um ato legítimo, e o casal não estará em pecado num ato pecaminoso. Mãos à obra.

Saem.

QUARTO ATO

CENA I – NA VIZINHANÇA DO ACAMPAMENTO FLORENTINO.

Entra um dos franceses (o Segundo Lorde Dumaine), com cinco ou seis outros Soldados, em posição de tocaia.

SEGUNDO LORDE – Ele não tem outro caminho por onde chegar; só pode ser contornando aquela extremidade desta sebe. Quando vocês pularem em cima dele, falem na língua mais medonha que quiserem. Mesmo que vocês não entendam nada, não faz mal; nós temos que agir como se não entendêssemos nada do que ele fala, fora alguns de nós que vão se apresentar como intérpretes.

PRIMEIRO SOLDADO – Meu capitão, deixe-me ser o intérprete.

SEGUNDO LORDE – Tu não o conheces? Não conheces a voz dele?

PRIMEIRO SOLDADO – Não, senhor, lhe garanto que não.

SEGUNDO LORDE – Mas que mixórdia de língua tu vais usar para falar conosco?

PRIMEIRO SOLDADO – Essa mesma que o senhor está usando para falar comigo.

SEGUNDO LORDE – Ele precisa pensar que somos um bando de soldados estrangeiros a serviço do inimigo. Acontece que ele sabe um pouco de cada uma das línguas fronteiriças; por isso, precisamos ser cada um de nós um falante de invenção própria, e não vamos saber o que estamos falando uns com os outros. Mas vai parecer que sabemos, e essa é a nossa intenção na prática. Usem a língua das gralhas, engrolando bem e bastante. Quanto a você, intérprete, você precisa parecer muito diplomático. Mas agachem-se, olhem, aí vem ele, pronto para passar duas horas no bom do sono e depois voltar e jurar que são verdade todas as mentiras que ele inventa.

Entra Parolles.

PAROLLES – Dez horas. Mais três horas e já posso voltar para casa. O que será que eu digo que fiz? Tenho que pensar em algo bem plausível, que funcione, que seja crível. Eles já estão me reconhecendo pelo faro, e muita desgraça ultimamente tem batido à minha porta. Eu sei que a minha boca grande é imprudente, mas o meu coração tem medo de deparar-se com Marte e suas criaturas[22] e por isso não se atreve a fazer o que a boca diz.

SEGUNDO LORDE – Essa é a primeira verdade que tua boca cometeu.

PAROLLES – Por que diabos eu me atiraria a recuperar o tambor, uma vez que não ignoro que é impossível e sei que nunca tive essa intenção? Eu preciso fazer uns ferimentos em mim mesmo e dizer que me feri na façanha. Mas ferimentos leves não servem; vão dizer "Você se safou dessa com tão pouco?". E ferimentos graves, esses eu não me atrevo a fazer. Mas, então, onde estaria a prova? Boca destrambelhada, preciso te passar adiante, para uma mulher leiteira, dessas que ficam batendo manteiga e fofocando; e, para te repor, boca destrambelhada, compro um jumento se você insiste em me jogar na boca do perigo com tanta conversa fiada.

---

22. O deus da guerra e os soldados. (N.T.)

Segundo Lorde – Será possível que ele sabe o que ele é e insiste em ser o que ele é?

Parolles – Bom seria se retalhar as minhas roupas desse conta do recado, ou então quebrar a minha espada espanhola.[23]

Segundo Lorde – Ninguém deixaria ele se safar assim.

Parolles – Ou raspar a barba e dizer que fazia parte do estratagema.

Segundo Lorde – Não serve.

Parolles – Ou jogar na água as minhas roupas e dizer que me deixaram nu em pelo.

Segundo Lorde – Difícil de acreditar.

Parolles – Se eu jurasse que pulei da janela da cidadela...

Segundo Lorde – De que altura?

Parolles – ...mais de cinquenta metros.

Segundo Lorde – Nem que jurasse três vezes pela alma da própria mãe; essa não tem como acreditar.

Parolles – Eu queria era ter um tambor qualquer do inimigo. Daí eu jurava que tinha recuperado o nosso.

Segundo Lorde – Você já vai escutar um.

Parolles – Agora, um tambor do inimigo...

Ouve-se o toque de alerta.

Segundo Lorde – *Droque movuso, chargo, chargo, chargo.*

Todos – *Chargo, chargo, chargo, vilhanda per gorbo, chargo.*

---

23. As espanholas eram as espadas de melhor qualidade que havia. (N.T.)

Parolles – Qual o meu resgate? Qual o meu resgate? Não, não me vendem os olhos.

Vendam os olhos de Parolles.

Intérprete – *Boscos dromuldo boscos.*

Parolles – Eu sei que vocês são o regimento dos moscovitas, e vou perder minha vida por não saber a sua língua. Se tem aqui algum alemão, ou dinamarquês, holandês, italiano, ou francês, deixem que fale comigo, que eu posso revelar a vocês como acabar com os florentinos.

Intérprete – *Boscos vanvado.* Eu entendo o senhor, e sei falar a sua língua. *Querelibonto, sir,* ajoelhe-se e reze, porque tem dezessete adagas apontando para o seu peito.

Parolles – Ah!

Intérprete – Ah, reze, reze, reze! *Mauga revania dalche.*

Segundo Lorde – *Oscorbidulchos volivorco.*

Intérprete – O general conforma-se em poupar o senhor por enquanto, e vai levá-lo, cego como está, para interrogá-lo. Talvez o senhor possa informar algo que lhe salve a vida.

Parolles – Ah, deixem-me viver, e eu mostro todos os segredos de nosso acampamento, sua força militar, seus propósitos bélicos. Sim, vou contar coisas que vão deixá-los maravilhados.

Intérprete – E isso o senhor fará de modo fiel?

Parolles – Se não for assim, podem me condenar.

Intérprete – *Concárdio línteo.* Vamos lá, o senhor está com a sua execução temporariamente suspensa.

Sai o Intérprete com Parolles.

Ouve-se um breve toque de alerta.

Segundo Lorde – Vá dizer ao Conde Rossillion e ao meu irmão que capturamos o jumento e vamos mantê-lo de olhos vendados até que tenhamos notícias deles.

Soldado – Estou indo, capitão.

Segundo Lorde – Ele vai nos trair diante de nós mesmos; informe isso também.

Soldado – Informo sim, senhor.

Segundo Lorde – Até lá, vou mantê-lo no escuro e bem guardado.

Saem.

CENA II – NA CASA DA VIÚVA.

Entram Bertram e a donzela chamada Diana.

Bertram – Ouvi dizer que o seu nome é Fontebela.

Diana – Não, meu bom lorde: Diana.

Bertram – O nome de uma deusa casta! Você faz jus a ele, com grande mérito. Mas, linda alma, nesta sua bonita moldura não tem espaço para o amor? Se o fogo arrebatado da juventude não lhe acende as ideias, você não é donzela, e sim um monumento. Quando estiver morta, você será a mesma que é agora, pois é fria e inflexível e, no entanto, devia ser como era sua mãe quando concebeu esta sua doce pessoa.

Diana – Ela era mulher honesta.

Bertram – Você também pode ser.

Diana – Não, milorde. Minha mãe estava tão somente cumprindo com o seu dever, o mesmo que o senhor deve à sua esposa.

Bertram – Não vamos falar disso. Eu lhe peço, não se empenhe em desfazer a minha separação de minha esposa. Fui forçado a casar com ela, mas é a ti que eu amo com a doce compulsão que é própria do amor, e a ti quero para sempre prestar serviços de todo tipo.

Diana – Sim, para que você nos satisfaça até que você esteja satisfeito. Mas quando você tiver as nossas rosas, você deixa desnudados os nossos espinhos para nos causar ferimentos e ainda zomba de nossa nudez.

Bertram – Quantas vezes já não te jurei o meu amor!

Diana – Não é uma quantidade de juras que forma a verdade, mas sim o juramento simples e inequívoco que se jura ser fiel e verdadeiro. Não juramos por aquilo que não é sagrado, mas juramos com Deus por testemunha. Então eu lhe peço que me diga se devo jurar pelos grandes atributos de Júpiter que sinto por você um grande amor; você acreditaria nas minhas juras quando sabe que não lhe quero bem? Isto não é possível: em nome de Nosso Senhor, a quem eu professo toda a minha devoção, jurar por algo que vai contra Ele. Portanto, as suas juras não passam de palavras em cláusulas medíocres e sem chancela... pelo menos esta é a minha opinião.

Bertram – Mas então mude de opinião! Não seja tão santamente cruel. O amor é sagrado, e a minha integridade não toma conhecimento dessas artimanhas de que você acusa os homens. Não te coloques mais assim distante, mas entrega-te aos meus desejos enfermos, que só assim podem recuperar a sanidade. Diz que és minha, e para sempre o meu amor vai durar, igual a como ele é agora em seu começo.

Diana – Estou vendo que os homens podem nos enredar nessas armadilhas de um modo que nos faz esquecer de nós mesmas. Me dê esse anel.

Bertram – Eu te empresto esse anel, minha querida, mas não posso dar.

Diana – Não quer me dar o anel, milorde?

Bertram – Ele é o símbolo de distinção da casa dos Rossillion, um anel que vem passando de pai para filho há gerações, e perdê-lo seria uma ignomínia sem tamanho de minha parte.

Diana – A minha virgindade é assim como esse anel, é a joia da casa de minha mãe e vem passando de mãe para filha há gerações, e perdê-la seria uma ignomínia sem tamanho de minha parte. Assim é que a sua própria sabedoria traz para a nossa conversa a defesa da Honra, de minha parte, contra a sua investida inútil.

Bertram – Tome aqui, fique com o meu anel! Minha casa, minha honra, sim, minha vida: que sejam tuas; e tu agora estás no comando.

Diana – Quando for meia-noite, bate à janela do meu quarto. Vou garantir que minha mãe não ouça. Agora vou cobrar de você a sua palavra de honra: depois de me conquistar no meu leito de donzela, você fica no máximo uma hora, e não vamos nos falar. Tenho fortes razões para que seja assim, e delas você só vai saber quando este anel lhe for devolvido. E, no seu dedo, hoje à noite, vou colocar um outro anel; independente do que vier a acontecer, o anel será lembrança no futuro de nossos atos passados. Até logo mais, então. Não falte ao nosso encontro. De mim, você ganhou uma esposa; e minha esperança de casar acabou.

BERTRAM – O paraíso na terra foi o que ganhei em te cortejar.

Sai.

DIANA – Pelo que, desejo-te vida longa, para agradecer aos céus e a mim! Pode ser que venhas a me agradecer no fim. Minha mãe me disse como ele me cortejaria, e é como se ela tivesse olhado dentro do coração dele. Ela diz que todos os homens fazem juras desse tipo. Jurou que se casava comigo quando morresse a esposa; isso quer dizer que vou me deitar com ele quando estiver enterrada. Já que os franceses são tão insidiosos, case-se com eles quem quiser, que eu vivo e morro donzela.

> *Só mesmo nesta encenação*
> *não é pecado enganar*
> *o homem falso e bobalhão*
> *que só queria me usar.*

Sai.

CENA III – NO ACAMPAMENTO MILITAR FLORENTINO.

Entram os dois Capitães franceses (Primeiro e Segundo Lordes Dumaine) e uns dois ou três Soldados.

PRIMEIRO LORDE – Você não entregou a ele a carta da mãe?

Segundo Lorde – Entreguei faz uma hora. Tem alguma coisa naquela carta que lhe cutucou o caráter, porque, a uma certa altura de ler a carta, aquilo o transformou por completo, quase que num outro homem.

Primeiro Lorde – Ele tem (merecidamente, diga-se de passagem) muita culpa sobre os ombros por ter dispensado uma esposa tão boa, uma doce dama.

Segundo Lorde – Ele incorreu de modo muito especial no desfavor do rei, que havia até mesmo afinado sua generosidade para entoar alegrias nos ouvidos do rapaz. Vou lhe dizer uma coisa, mas você vai me prometer que deixa o assunto morrer aqui.

Primeiro Lorde – No que você terminar de falar. Passo a ser o túmulo desse assunto.

Segundo Lorde – Ele perverteu uma jovem dama aqui em Florença, de uma família de grande reputação, e esta noite ele vai se banquetear com a carne dessa presa por ele destruída em sua castidade. Deu a ela o seu monumental anel de família e acha que é homem que está feito nessa barganha indecente.

Primeiro Lorde – Que Deus abrande nossa gana por rebelião! Sem a graça divina, que coisa somos nós!

Segundo Lorde – Nada mais que os traidores de nós mesmos. E, como acontece no decorrer de todas as traições, vemos os traidores revelando-se a si mesmos até atingirem os seus fins amaldiçoados; assim ele (que com essa conduta está armando contra a própria nobreza em seu devido curso) transborda dele mesmo.

Primeiro Lorde – Não é para ser um pecado passível de danação em nós trombetear nossas intenções ilícitas? Isso quer dizer que não teremos a companhia dele esta noite?

Segundo Lorde – Depois da meia-noite, não. A dieta dele prescreve comer à meia-noite.

Primeiro Lorde – É quase hora. Eu tinha muita vontade de que ele visse o seu amigo Parolles anatomizado, para que ele avaliasse o próprio juízo, segundo o qual ele encaixou com tanto cuidado uma pedra falsa em engaste tão sofisticado.

Segundo Lorde – Não vamos tratar com Parolles até que chegue o conde, porque é a presença dele que vai servir de chicote para o outro.

Primeiro Lorde – Nesse meio-tempo, diga-me: o que você tem ouvido falar sobre essas guerras?

Segundo Lorde – Ouvi dizer que está havendo uma abertura para a paz.

Primeiro Lorde – Mais que isso, eu lhe asseguro: temos uma paz concluída.

Segundo Lorde – O que vai fazer o Conde Rossillion agora? Viaja para mais adiante ou volta para a França?

Primeiro Lorde – Estou percebendo pela pergunta que você não é amigo em quem ele confia.

Segundo Lorde – Longe de mim, ser amigo de confiança. Isso me tornaria cúmplice dos assuntos dele.

Primeiro Lorde – *Sir*, a mulher dele, faz uns dois meses, fugiu de casa, com o intuito de ir em peregrinação até Sain Jaques le Grand, e conseguiu completar sua promessa santa com a maior austeridade. Passou a residir lá e, sendo ela muito sensível por natureza, tornou-se a presa do próprio sofrimento. Em resumo: num gemido, suspirou pela última vez, e agora canta no paraíso.

Segundo Lorde – Temos provas disso?

Primeiro Lorde – As provas mais fortes estão em suas próprias cartas, que contam a verdadeira história de sua vida, até o momento de sua morte. A morte propriamente dita, como não podia ser incumbência dela contar, foi ponto por ponto confirmada pelo pároco local.

Segundo Lorde – E o conde? Já foi informado?

Primeiro Lorde – Sim, e os detalhes lhe foram minuciosamente descritos, o que configura um relato com incontestável força de verdade.

Segundo Lorde – Do fundo do meu coração, lamento dizer que ele vai se alegrar com a notícia.

Primeiro Lorde – É chocante o modo como às vezes nós nos consolamos de nossas perdas.

Segundo Lorde – E é chocante como outras vezes afogamos em lágrimas as nossas vitórias! A grande dignidade aqui adquirida pelo conde por seu valor pode em casa ser recebida com igualmente grande vergonha.

Primeiro Lorde – A teia que tece a vida de cada um é feita de um fio mesclado que põe juntos o bem e o mal. Nossas virtudes seriam orgulhosas se não fossem chicoteadas por nossos erros, e os nossos pecados seriam tiranos se não fossem delicadamente distraídos por nossas virtudes.

Entra um Serviçal na função de Mensageiro.

E então? Onde está o teu amo?

Serviçal – Ele encontrou com o duque na rua, *sir*, de quem despediu-se com toda a cerimônia. Meu amo e senhor viaja amanhã de manhã para a França. O duque lhe deu uma carta de recomendação para o rei.

Segundo Lorde – Essa carta vai ser mais que necessária, ainda que fale de Bertram com mais louvor do que ele merece.

Entra Bertram (Conde de Rossillion).

PRIMEIRO LORDE – Por mais doces as palavras, elas não têm como ser doces o suficiente para abrandar o azedume do rei. Aí vem Sua Senhoria. E então, milorde, já não passa de meia-noite?

BERTRAM – Esta noite dei despacho a dezesseis assuntos diferentes, cada um deles valendo um mês de trabalho; isso numa síntese de passos bem tomados, um depois do outro. Pedi licença ao duque para viajar e despedi-me daqueles que lhe são próximos; enterrei uma esposa, pranteei-lhe a morte, escrevi para a senhora minha mãe informando-a de minha volta, tratei de minha escolha para a viagem e, entre um e outro desses assuntos mais importantes, ainda dei conta de várias questões necessárias, assuntos de maior delicadeza. O último era o maior deles, mas este eu ainda não acabei.

SEGUNDO LORDE – Se o assunto é difícil, e agora pela manhã você já está de partida, isso então requer pressa de Sua Senhoria.

BERTRAM – Quis dizer que o assunto não está acabado porque não quero depois que me cobrem essa questão. Mas não vamos ter um diálogo entre o bobalhão e o soldado? Vamos lá, tragam-me esse manequim de militar, o que me enganou como um profeta que só usa frases ambíguas.

SEGUNDO LORDE – Tragam o sujeito.

Saem os Soldados.

Ele passou a noite amarrado no tronco, o coitado desse patife enfeitado.

Bertram – Não faz mal. Os pés dele bem que merecem, já que usurparam esporas por tanto tempo.[24] Como é que ele está se portando?

Segundo Lorde – Como eu já disse à Sua Senhoria, no tronco, ele está bem ajustado. Mas, para dar uma resposta à sua pergunta como você queria que eu a entendesse: chora que nem mulher que derrubou o tarro cheio de leite. Ele se confessou com o Morgan, que ele acredita ser um frade: desde a primeira lembrança de guri até o exato momento deste desastre de ir para o tronco. E o que você acha que ele confessou?

Bertram – Nada a ver comigo, não é mesmo?

Segundo Lorde – A confissão dele está por escrito, e será lida na frente dele. Se Sua Senhoria estiver incluída, como penso que está, vai precisar de paciência para escutar a coisa toda.

Entra Parolles com seu Intérprete.

Bertram – Que caia uma praga sobre ele! Vendado e cego! Ele não tem nada para dizer contra mim.

Primeiro Lorde – Psiu, silêncio! Chegou a cabra-cega. *Pirtetar tinosse.*

Intérprete – Ele está ordenando as torturas. Deseja dizer alguma coisa sem ser torturado?

Parolles – Desejo confessar tudo o que sei, sem restrições. Se vocês me beliscarem nas pontas como massa de pastel, fico sem poder falar.

Intérprete – *Bosco chimurto.*

Primeiro Lorde – *Boblibindo chicurmurdo.*

---

24. Parolles fingia ser um cavaleiro. Cavaleiros eram soldados valorosos e de nobre espírito, armados pelo rei, e tinham cavalo e espada. (N.T.)

Intérprete – O senhor é um general misericordioso. O nosso general pede que você responda às perguntas que estão por escrito e que eu vou ler.

Parolles – Responderei com a verdade, pois quero continuar vivo.

Intérprete *[lendo]* – "Primeiro, pergunte a ele quantos soldados tem a cavalaria do duque." O que você responde a isso?

Parolles – Cinco ou seis mil, mas bastante fracos e imprestáveis. As tropas estão espalhadas, e os comandantes são uns pobres coitados, juro por minha reputação e por meu bom nome, pois quero continuar vivo.

Intérprete – Devo escrever a sua resposta nessas mesmas palavras?

Parolles – Sim, e eu posso firmar sob juramento que assim é, com as palavras que vocês quiserem.

Bertram – Para ele, é tudo a mesma coisa. Esse aí é um escravo que não tem salvação!

Primeiro Lorde – Aí é que você se engana, milorde. Esse aí é Monsieur Parolles, o fino e elegante estrategista militar (essa frase é dele mesmo), que tinha toda a teoria de guerra no laço do seu lenço de seda, e toda a prática de guerra na ponta da bainha da espada.

Segundo Lorde – Nunca mais vou confiar em um homem que traz a espada sempre bem polida, e nem acredito mais que seja o máximo quem se apresenta sempre elegante e bem-arrumado.

Intérprete – Bem, isso está posto no papel.

Parolles – "Cinco ou seis mil soldados na cavalaria", foi o que eu disse. Para falar a verdade, é melhor escrever "aproximadamente", pois não quero faltar com a verdade.

PRIMEIRO LORDE – Ele está muito próximo da verdade nesse quesito.

BERTRAM – Mas eu não vejo razão para agradecer por isso, dadas as circunstâncias em que ele está falando a verdade.

PAROLLES – "Uns pobres coitados", por favor, escreva aí.

INTÉRPRETE – Bem, isso está posto no papel.

PAROLLES – Eu lhe agradeço, com toda a humildade, *sir*. A verdade é a verdade, e os coitados são espantosamente pobres.

INTÉRPRETE *[lendo]* – "Pergunte a ele quantos soldados formam a infantaria." O que você responde a isso?

PAROLLES – Por minha fé, mesmo que eu venha a morrer neste minuto, vou falar a verdade. Deixe-me ver: Ispúrio, cento e cinquenta; Sebastião, outro tanto; Corambo, outro tanto; Jaques, outro tanto; Guiltião, Cosmo, Ludovico e Gratii, duzentos e cinquenta cada; a minha própria companhia, Chitófer, Vaumond, Bentii, duzentos e cinquenta cada; de modo que o total, entre saudáveis e doentes, juro pela minha vida, não chega a quinze mil cabeças, e metade desses não se atreve nem a sacudir a neve de suas fardas, que é para não terminarem de cair aos pedaços.

BERTRAM – O que é que se faz com ele?

PRIMEIRO LORDE – Nada. Devemos ser-lhe gratos. Pergunte a ele o que pensa de mim como soldado, e que conceito o duque faz de mim.

INTÉRPRETE – Bem, isso está posto no papel. *[Lendo:]* "Você deve perguntar a ele se um certo Capitão Dumaine estava no acampamento, um francês; de que reputação ele goza junto ao duque; qual o seu valor, se é honesto e se entende de táticas de guerra; e se ele pensa que seria possível convencê-lo com uma boa soma em ouro a ensejar uma rebelião". O que você responde a isso? O quanto você sabe sobre isso?

Parolles – Eu lhe peço que me permita responder às particularidades do interrogatório. Pergunte-me sobre cada uma separadamente.

Intérprete – Você conhece esse Capitão Dumaine?

Parolles – Conheço. Ele era um aprendiz de remendão em Paris, de onde foi expulso a chicotadas por ter engravidado uma pobre inocente que estava aos cuidados do xerife, uma idiota que, por ser muda, não tinha como lhe dizer não.

Bertram *[dirigindo-se ao Primeiro Lorde Dumaine]* – Não, com sua licença: controle as suas mãos... embora eu saiba que os miolos dele estão confiscados para receber a próxima telha que vai cair de um telhado.

Intérprete – Bom, e esse capitão está no acampamento do Duque de Florença?

Parolles – Até onde sei, ele está. Um piolhento, por sinal.

Primeiro Lorde – Nada disso, não me olhe assim. Daqui a pouco já vamos ouvir o que ele vai falar de Sua Senhoria.

Intérprete – De que reputação ele goza junto ao duque?

Parolles – O duque o tem como um oficial medíocre que está sob o meu comando, e outro dia mesmo escreveu-me pedindo que o mandasse embora. Acho que estou com a carta no bolso.

Intérprete – Ótimo, nós vamos procurar.

Parolles – Mas, para falar a verdade, não tenho certeza. Se não está no meu bolso, deve estar em cima de uma pilha de cartas do duque, na minha barraca.

Intérprete – Aqui está, tem um papel aqui. Devo ler?

Parolles – Não sei se é a carta ou não.

Bertram – O nosso intérprete está se saindo bem.

Primeiro Lorde – Perfeito no seu papel.

Intérprete *[lendo]* –

> *"Dianinha, o conde é um bobalhão*
> *E cheio de ouro bom…"*

Parolles – Isso não é a carta do duque, *sir*. Isso é um conselho para uma donzela de respeito em Florença, de nome Diana, para que se acautele contra os sedutores artifícios de um certo Conde Rossillion, um rapaz bobo e ocioso e, por isso mesmo, muito libidinoso. Eu lhe peço, *sir*, guarde o papel de volta no meu bolso.

Intérprete – Não; primeiro eu vou ler, com sua licença.

Parolles – Minhas intenções com essa carta, posso adiantar, eram as mais honestas, em prol da donzela, pois eu sabia que o jovem conde é um rapaz perigoso, lascivo. Diante da virgindade, é uma baleia: devora tudo quanto é peixe pequeno pela frente.

Bertram – Cafajeste, falso! Que se dane esse desgraçado!

Intérprete *[lendo a carta]* –

> *"Se ele te prometeu, pede o ouro e agarra;*
> *Depois que acerta o alvo, ele não paga.*

Jogar bem é cobrar antes, sabia?
Quem te diz é soldado, Dianinha.
De antemão, joga as regras na mesa:
'Quero um homem, pois guri nem beija'.
Por conta disto, o conde é um bobalhão:
Quando vem a conta, ele não paga não.
Sempre teu, como jurou em teu ouvido,
Parolles."

BERTRAM – Ele vai ser açoitado pelo exército inteiro, e com esses versos grudados na testa.

SEGUNDO LORDE – Esse é o seu devotado amigo, *sir*. O poliglota, o soldado superpotente em ação.

BERTRAM – Eu aguento qualquer coisa na minha frente, menos um gato, e agora, para mim, ele é um gato.

INTÉRPRETE – Estou percebendo, *sir*, pelo olhar do general, que somos obrigados a enforcá-lo.

PAROLLES – Minha vida, *sir*, a qualquer preço! Não que eu tenha medo de morrer, mas é porque os meus pecados são tantos que eu gostaria de poder me arrepender pelo resto de minha vida natural. Deixe-me viver, *sir*, num calabouço, no tronco, seja lá onde for, desde que eu fique vivo.

INTÉRPRETE – Vamos ver o que pode ser providenciado, contanto que você confesse de livre e espontânea vontade. Assim, vejamos, uma vez mais, esse Capitão Dumaine. Você já respondeu sobre a reputação dele junto ao duque, e sobre o seu valor. Mas, me diga: ele é honesto?

PAROLLES – Ele rouba, *sir*, até mesmo ovo de convento. Em matéria de raptos e estupros, ele é um centauro. Tem o costume de não manter as promessas que faz; sabe quebrá-las como um Hércules. Ele mente, *sir*, com tal desenvoltura que você até cogita de pensar que a verdade é trouxa. A melhor virtude dele é o vício da bebida; ele se emborracha como um porco e depois dorme e pelo menos não causa danos a si mesmo; só causa danos aos lençóis da cama. Mas, como todos sabem desses hábitos que ele tem, já o põem para dormir num monte de palha. Não tenho mais nada para dizer, *sir*, sobre a honestidade dele. Ele tem tudo que um homem honesto não deve ter; daquilo que o homem honesto deve ter, ele não tem nada.

Primeiro Lorde – Estou começando a gostar desse sujeito.

Bertram – Por causa dessa descrição da sua honestidade? Por mim, ele é cada vez mais um gato. Que pegue sífilis!

Intérprete – O que você tem a dizer sobre os conhecimentos de guerra do Capitão Dumaine?

Parolles – Tanto quanto eu sei, *sir*, foi ele quem puxou o tambor que abria alas para os atores ingleses de tragédias.[25] Não vou desmentir o homem, e não sei nada mais dele como soldado, exceto que naquele país ele teve a honra de ser o oficial num lugar chamado Mile-end,[26] para ensinar a formação de fileiras duplas. Eu teceria todos os elogios ao homem se pudesse, mas não tenho certeza quanto a esse item.

Primeiro Lorde – Ele consegue vilipendiar a vilania a tal ponto que essa raridade o redime.

---

25. As peças teatrais eram anunciadas como os espetáculos de circo, com um desfile dos atores pela cidade, precedidos de toque de tambor para chamar a atenção do público. (N.T.)
26. Mile-end Green, um campo aberto a leste da City de Londres, onde eram treinados os civis em exercícios muito simples e básicos do ofício de soldado. (N.T.)

Bertram – Para mim, ainda é um gato. Que pegue sífilis!

Intérprete – Se as qualidades dele são tão baratas, então nem preciso perguntar se ouro poderia persuadi--lo a rebelar-se.

Parolles – *Sir*, por uma moeda car-de-cu[27] ele é capaz de vender a escritura da própria salvação, a herança da salvação, e ainda anular o direito de propriedade de seu lote no céu para todos os seus descendentes, de todas as gerações perpétuas, perpetuamente.

Intérprete – E quanto ao irmão dele, o outro Capitão Dumaine?

Segundo Lorde – Por que está perguntando para ele sobre mim?

Intérprete – Quem é ele?

Parolles – Urubu do mesmo ninho. Não é tão bom quanto o primeiro em bondade, mas é bem melhor nas maldades. Ganha do irmão em covardia, mesmo que o irmão tenha uma boa reputação como o melhor que há. À ordem de recuar e bater em debandada, ele corre mais que qualquer menino de recados; já quando a ordem é de avançar e atacar, ele costuma ter cãibras.

Intérprete – Se lhe pouparmos a vida, você se compromete em trair os florentinos?

Parolles – Sim, e o capitão da cavalaria também, o Conde Rossillion.

Intérprete – Vou ter um aparte com o general e saber de sua decisão.

Parolles – Nunca mais vou tocar o tambor; que uma peste caia sobre todos os tambores! Só para parecer

---

27. Moeda francesa de algum valor: *quart d'écu.* (N.T.)

que sou valente e merecedor e para enganar a opinião daquele meninote depravado, o conde, é que entrei nesta fria. Mas, também, quem ia suspeitar de uma tocaia bem onde me pegaram?

Intérprete – Não tem remédio, *sir*: sua sentença é a morte. O general diz o seguinte: você, que de modo tão traiçoeiro revelou os segredos de seu exército e relatou tantas perniciosidades de homens tidos como altamente nobres, não serve para este mundo em nenhuma função honesta. Portanto, deve morrer. Aproxime-se, carrasco: faça rolar a cabeça deste senhor.

Parolles – Ai, meu Deus, *sir*, poupe-me a vida. Ou então deixe-me ver a minha morte!

Intérprete – Isso sim, e você pode se despedir de todos os seus amigos.

Tira-lhe a venda dos olhos.

Agora, olhe ao seu redor. Conhece alguém?

Bertram – Bom dia, meu nobre capitão.

Segundo Lorde – Deus o abençoe, Capitão Parolles.

Primeiro Lorde – Que Deus o tenha, meu nobre capitão.

Segundo Lorde – Capitão, quem sabe o senhor quer mandar lembranças para o meu bom Lorde Lafew? Estou de partida para a França.

Primeiro Lorde – Meu bom capitão, eu gostaria de ter uma cópia dos versos que o senhor escreveu para Diana em nome do Conde Rossillion. Se eu não fosse um "completo covarde", arrancava de você, mas… passar bem.

Saem Bertram e os dois Lordes.

Intérprete – Você está desfeito, capitão. Desfeito por completo, à exceção do seu lenço de seda, que ainda tem o nó.

Parolles – Quem não fica arrasado com uma trama bem armada?

Intérprete – Se você conseguir achar um país onde só as mulheres é que são levadas a tamanha vergonha, você ainda pode começar uma nação de desavergonhados. Passar bem, *sir*, que eu também estou de partida para a França. Você lá vai ser assunto de conversa.

Sai com os outros Soldados.

Parolles – E, contudo, estou agradecido. Se eu tivesse um grande coração, ele teria se arrebentado com isso que se passou. Não vou mais ser capitão, está certo, mas vou continuar comendo e bebendo e dormindo, tudo igual como faz um capitão. É simples: o que eu sou[28] vai me ajudar a viver. Quem sabe que é farofeiro esteja avisado, pois agora vai ser lei: todo farofeiro será considerado burro. A espada vai enferrujar, o sangue vai esfriar, e Parolles viverá em segurança na vergonha! Porque foi enganado, vai viver de enganação! Neste mundo tem espaço e recurso para todo tipo de pessoa viva. Vou atrás deles.

Sai.

---

28. Parolles = palavras (em francês). (N.T.)

CENA IV – EM FLORENÇA, NA CASA DA VIÚVA.

Entram Helena, a Viúva e Diana.

HELENA – Para que vocês tenham certeza de que não as enganei, um dos maiores nomes do mundo cristão me servirá de fiador: aquele que diante de seu trono faz-se necessário ajoelhar antes de eu conseguir o meu intento. Certa vez prestei a ele um serviço requisitado, quase tão importante quanto a própria vida, um serviço pelo qual pularia do peito, agradecido, até mesmo o coração insensível de um tártaro. Estou devidamente informada de que Sua Graça está em Marselha, para onde temos transporte conveniente. Vocês devem estar avisadas de que, para todos os efeitos, estou morta. O exército tendo se dispersado, meu marido se apressa em ir para casa, onde, com a ajuda dos céus e com a licença de meu bom senhor o rei, chegaremos antes de todos, inesperadamente.

VIÚVA – Minha bondosa senhora, só posso dizer que você jamais teve ao seu dispor serva mais obsequiosa e confiável para assunto de seu interesse.

HELENA – Nem a senhora teve amiga que pensasse tanto em como fazer para recompensar o seu amor dedicado. Não duvide por um momento que foram os céus que me trouxeram até aqui, para que eu providenciasse um dote para sua filha casar e para que ela me ajudasse a ter um marido. Mas, ah!, como são estranhos os homens, que podem usar de um modo tão doce aquilo que detestam sempre que se abandonam na luxúria de seus apetites ludibriados, enegrecendo ainda mais o negrume da noite. A lubricidade brinca com aquilo que mais odeia no lugar daquilo que está longe… Mas, voltaremos a este assunto mais adiante. Você, Diana, com minhas parcas instruções, precisa padecer mais um pouquinho por mim.

DIANA – Encaro a morte, desde que virgem, para fazer o que você pedir de mim; padeço por você, se é esse o seu desejo.

HELENA – Só mais um pouquinho, eu te peço. Junto com a palavra empenhada e cumprida, o tempo nos vai trazer o verão, quando a amora-preta terá pétalas novamente, bem como espinhos, e será tão perfumosa quanto afiada. Agora devemos partir: nossa condução está preparada, e a passagem do tempo nos dará ânimo.

> *Bem está o que bem acaba;*
> *o fim é a linha de chegada.*
> *Por um caminho ou por outro,*
> *só no fim vamos ter os louros.*

Saem.

CENA V – NO PALÁCIO DO CONDE, EM ROSSILLION.

Entram Lavatch (o Bobo), a velha Senhora Condessa e Lafew.

LAFEW – Não, não, não. O seu filho foi desencaminhado por um sujeito cheio de fru-frus e tafetás, com tanto açafrão cafajeste que dava para amarelar todas as massas[29] novas e cruas de uma nação. A sua nora poderia estar agora viva, e o seu filho, aqui em casa, agraciado

---

29. Os rapazes jovens e imaturos (as massas novas e cruas de uma nação) poderiam, desencaminhados por Parolles, tornar-se covardes (amarelar). O açafrão era usado por seu pigmento amarelo na pastelaria e na confeitaria (nas massas cruas) e também para tingir as golas de tufos engomados (frufrus e tafetás). (N.T.)

com muitas honrarias pelo rei, e não por esse abelhão mamangaba de rabo vermelho.

CONDESSA – Eu queria não ter conhecido esse um. Foi a morte da mais virtuosa e gentil moça que a natureza já criou. Se ela fosse carne da minha carne e tivesse me custado os mais fortes gemidos da maternidade, ainda assim eu não teria dedicado a ela amor mais enraizado.

LAFEW – Era uma boa moça, sim, uma boa moça. Teremos de colher mil saladas até encontrarmos de novo uma hortaliça como ela.

LAVATCH – Deveras, *sir*, ela foi a manjerona da salada. Ou melhor: a erva-da-trindade, o amor-perfeito.

LAFEW – Essa não é hortaliça, seu patife. É uma erva ornamental.

LAVATCH – Não sou nenhum Nabucodonosor,[30] *sir*, ou seja: não entendo de capim, e também não sou perfeito.

LAFEW – Como é que tu te anuncias: um patife ou um bobo?

LAVATCH – Um bobo, *sir*, a serviço de uma mulher, e um patife a serviço de um homem.

LAFEW – E essa distinção é o quê?

LAVATCH – Do homem eu roubo a mulher e faço o serviço dele.

LAFEW – Então você seria realmente um patife a serviço dele.

LAVATCH – E para a mulher dele eu daria o meu cetro de bufão, *sir*, e com esse pau presto um serviço a ela.

LAFEW – Assino embaixo: tu és ambos, patife e bobo.

---

30. O rei da Babilônia, que pastava como os bois. (N.T.)

Lavatch – Ao seu dispor.

Lafew – Não, não, nem pensar.

Lavatch – Ora, *sir*, se não posso oferecer-lhe os meus préstimos, posso me pôr ao serviço de um príncipe tão importante como o senhor.

Lafew – Quem é esse? Um francês?

Lavatch – Por minha fé, *sir*, ele tem um nome inglês, mas a fisionomia dele é mais quente aqui na França do que lá na Inglaterra.

Lafew – Que príncipe é esse?

Lavatch – O príncipe negro, *sir*, também conhecido como o príncipe das trevas, também conhecido como o diabo.

Lafew – Podes ir parando por aí. Aí tens a minha bolsa de dinheiros. Eu te pago não para tentar afastar-te desse teu mestre, mas para que continues sempre a serviço dele.

Lavatch – Sou um sujeito dos bosques, *sir*, que sempre gostou de uma boa fogueira, e o mestre de quem falo mantém uma fogueira de bom tamanho sempre acesa. Mas, certo como ele é o príncipe do mundo, deixe que a nobreza dele permaneça na corte dele. Estou de partida para a casa de portões estreitos, que considero pequena demais para qualquer tipo de pompa. Alguns são humildes e vão entrando, mas a grande maioria sente frio e tem arrepios e prefere ir pelo caminho florido que leva até os portões largos e a fogueira de bom tamanho.

Lafew – Agora vai andando, vai; estou começando a me cansar de ti, e vou te avisando logo, porque não quero brigas. Vai andando, e vê que os meus cavalos estejam bem tratados, e nada de gracinhas.

Lavatch – Se eu fizer alguma gracinha com eles, *sir*, vão ser gracinhas de matungo, coisa a que eles têm direito pelas leis da natureza.

Sai.

Lafew – Um patife esperto e maldoso.

Condessa – É como ele é. O meu marido divertia-se muito às custas dele. Por ordem expressa do falecido, ele permanece aqui conosco, e isso ele pensa que é garantia para o seu descaramento. Na verdade, ele não tem um bom trote; pelo contrário, galopa por onde bem entende.

Lafew – Eu gosto dele, ninguém ficou melindrado. Mas eu estava por lhe dizer, senhora, desde que fiquei sabendo da morte de sua gentil dama, e também que o seu filho estava voltando para casa, que intercedi junto ao meu amo e senhor o rei para que falasse em prol de minha filha, pois quando eram ambos menores de idade, isso era coisa que Sua Majestade já havia proposto, em um gesto espontâneo de régia graciosidade. Sua Alteza prometeu-me fazer isso e, para desfazer o desgosto que causou ao seu filho, não há nada melhor. Como é que Sua Senhoria vê a questão?

Condessa – Com muita simpatia, milorde, e desejo que se execute com alegria.

Lafew – Sua Alteza está vindo de Marselha, e de corpo são, como se ainda tivesse trinta anos. Está chegando aqui amanhã, se não me deu informações equivocadas o sujeito que dificilmente erra nesse tipo de recado.

Condessa – Muito me alegra saber que tenho esperança de ver Sua Majestade antes de minha morte. Recebi uma carta avisando que meu filho chega esta noite. Preciso pedir a Sua Senhoria que fique comigo até que os dois tenham se encontrado.

Lafew – Madame, eu estava mesmo pensando de que modo eu poderia estar presente a esse encontro sem ser inconveniente.

Condessa – Você só precisa usar de sua prerrogativa de honorável lorde.

Lafew – Milady, dessa prerrogativa já me vali tantas e tantas vezes! Mas agradeço a Deus saber que ela ainda tem credibilidade.

Entra Lavatch (o Bobo).

Lavatch – Ah, madame, aí vem chegando milorde seu filho, com um curativo de veludo no rosto. Se tem uma cicatriz ou não embaixo, só o veludo sabe, mas é um curativo bem grosso. O lado esquerdo do rosto tem bandagem muito espessa, mas o lado direito não tem veludo nenhum.

Lafew – Uma cicatriz nobremente adquirida é cicatriz nobre, e um bom símbolo de honra e hombridade. Provavelmente é isso.

Lavatch – Mas é o rosto da gente que fica retalhado.

Lafew – Vamos ver o seu filho, eu lhe peço. Estou desejoso de falar com o jovem nobre soldado.

Lavatch – Por minha fé, tem uma dúzia deles, com chapéus finos e delicados, e plumas bastante refinadas, que curvam a cabeça e saúdam a todos.

Saem.

QUINTO ATO

CENA I – EM MARSELHA.

Entram Helena, a Viúva e Diana, com dois Serviçais.

HELENA – Mas este viajar em excesso, à grande velocidade, dia e noite, deve estar desgastando vocês duas. Não temos como evitar. Mas, uma vez que vocês concordaram em fazer a noite igual ao dia, em cansar seus gentis braços e pernas em assuntos meus, estejam certas de que vocês estão agora enraizadas de tal modo em minha gratidão que nada pode me demover de recompensá-las à altura.

Entra um Cavalheiro (um nobre, falcoeiro).

Em ótima hora! Este homem pode ajudar-me a chegar até os ouvidos de Sua Majestade, se estiver disposto a gastar suas forças. Que Deus o tenha, *sir*.

CAVALHEIRO – E à senhora também.

HELENA – Notei que o senhor esteve na corte francesa.

CAVALHEIRO – Estive por lá algumas vezes.

HELENA – Estou presumindo que o senhor não se desviou daquilo que falam os relatos sobre sua bondade; tanto que, incitada por circunstâncias as mais prementes, a ponto de deixar de lado as frases preliminares das cortesias de praxe, venho pedir-lhe que use a sua capacidade e os seus recursos, pelo que ficarei para sempre agradecida.

CAVALHEIRO – O que posso fazer pela senhora?

HELENA – Se não lhe for incômodo, entregar esta humilde petição ao rei e auxiliar-me, com a influência que o senhor tem, a conseguir que o rei me receba em audiência.

CAVALHEIRO – O rei não está aqui em Marselha.

HELENA – Não está?

CAVALHEIRO – Não mesmo. Ele partiu ontem à noite, e com mais pressa que o usual.

VIÚVA – Deus do céu, então perdemos o nosso tempo!

HELENA – Bem está o que bem acaba, e não acabou ainda, embora o tempo esteja correndo contra, e os recursos sejam precários. Eu lhe pergunto, senhor: para onde ele foi?

CAVALHEIRO – Segundo fiquei sabendo, para Rossillion, para onde estou indo eu também.

HELENA – Eu lhe peço, senhor, já que provavelmente vai encontrar o rei antes de mim, entregue este papel nas régias mãos de Sua Majestade. O senhor não há de ser admoestado por isso; pelo contrário, receberá um agradecimento por sua ajuda. Chego logo depois do senhor, o mais depressa que nos permitirem os nossos recursos.

CAVALHEIRO – Isso eu posso fazer pela senhorita.

HELENA – E o senhor verá que receberá profusos agradecimentos, seja qual for o desfecho deste assunto. Devemos montar novamente. Vá andando, vá, tome as providências.

Saem.

CENA II – EM ROSSILLION, NO PALÁCIO DO CONDE.

Entram Lavatch (o Bobo) e Parolles.

PAROLLES – Meu bom Mestre Lavatch, entregue ao meu bom Lorde Lafew esta carta. Em outros tempos, *sir*, você me reconhecia, quando eu me apresentava em melhores trajes. Mas agora, *sir*, chego enlameado no desfavor da Fortuna, e o desgosto que ela sente por mim explica o cheiro forte que você sente em mim.

LAVATCH – É verdade: o desgosto da Fortuna tem de ser muito sujo, se fede tanto como tu falaste. Daqui para a frente, não vou comer peixe que seja preparado pela Fortuna. Eu te peço, vem para este lado, que o vento está soprando de lá.

PAROLLES – Mas não, não precisa fechar o nariz, *sir*. O que eu disse foi uma metáfora.

LAVATCH – Deveras, *sir*, se a sua metáfora ou a metáfora de qualquer outro feder, vou tapar o nariz. Eu te peço, fica mais para lá.

PAROLLES – Eu lhe peço, *sir*, entregue por mim este papel.

LAVATCH – Fiu, eu te peço, fica longe. Um papel da latrina da Fortuna, entregar para um nobre do reino! Olha, aí vem vindo o próprio.

Entra Lafew.

Eis aqui um cocô da Fortuna, milorde… ou melhor, do gato da Fortuna (mas não é um gato almiscarado). Este cocozinho caiu no açude imundo do desgosto da Fortuna, onde, conforme ele diz, se embarrou. Eu lhe peço, *sir*, trate esta carpa carpideira como o senhor achar melhor, pois a mim me parece ser um belo dum patife, isto sim: pobre, decaído, cheio de manhas, bobalhão e bem canalha. Eu, em meus arremedos de consolo, sinto pena da desgraça dele e deixo-o com Sua Senhoria.

Sai.

PAROLLES – Milorde, sou um homem a quem a Fortuna arranhou com crueldade.

LAFEW – E o que você deseja que eu faça? Agora é tarde demais para cortar as unhas da Fortuna. Como foi que você bancou o calhorda com a Fortuna, para ela querer arranhar você? Logo ela, que, de costume, é uma boa dama e não permite calhordas se dando bem por muito tempo à sua sombra! Tome aqui, uma car-de-cu para você. Deixe que os juízes de paz[31] tornem amigos você e a Fortuna. Estou ocupado com outros assuntos.

PAROLLES – Eu peço a Sua Senhoria que me ouça: uma palavrinha!

LAFEW – Você está pedindo mais uma moeda, isso sim. Tome, você a tem, mas poupe-me de suas palavras.

PAROLLES – Meu nome, milorde, é Parolles.

LAFEW – Mas então você está pedindo mais que só uma "palavra". Cruz da minha vida! Me dá tua mão. E o tambor, como vai?

PAROLLES – Ah, meu bom Lorde Lafew, o senhor foi o primeiro a me reconhecer!

LAFEW – É mesmo? E fui o primeiro a me livrar de ti.

---

31. Nos tempos elisabetanos, os juízes de paz eram responsáveis pelo auxílio aos mendigos. (N.T.)

Parolles – Já que me tirou do meu estado de graça, milorde, agora é responsabilidade sua colocar-me de volta nele.

Lafew – Mas o que é isso, cafajeste? Estás querendo colocar em minhas mãos, ao mesmo tempo, o trabalho de Deus e o ofício do Diabo? Quem te coloca em estado de graça é um, mas quem te tira dele é o outro.

Ouve-se o som de trombetas.

É o rei que está chegando; são as trombetas reais. E tu, criatura, podes me procurar mais tarde. Recebi informações sobre você a noite passada. Mesmo sendo um bobalhão e um cafajeste, você precisa se alimentar. Agora vai, anda, te mexe.

Parolles – Sou grato a Deus por sua pessoa.

Saem.

CENA III - EM ROSSILLION, NO PALÁCIO DO CONDE.

Entram o Rei, a velha Senhora Condessa, Lafew e os dois Lordes franceses (Primeiro e Segundo Lordes Dumaine), acompanhados de Serviçais.

Rei – Com ela, perdemos uma joia rara, e o nosso valor com isso fica bastante depreciado; mas o seu filho, louco, insensato e leviano, não teve tino o suficiente para estimar o valor dela como um todo.

Condessa – Águas passadas, meu suserano, e eu venho pedir a Vossa Majestade que ponha isso na conta de uma rebeldia natural, ocorrida nos dias verdes da juventude, quando óleo e fogo, fortes demais para a força da razão, tomam conta e se deixam queimar.

Rei – Minha honrada dama, eu já perdoei e esqueci tudo, embora a minha revanche contra ele estivesse armada, pronta para acertar o alvo na hora certa.

Lafew – Devo dizer isto (mas primeiro peço-vos licença): o jovem conde cometeu, contra Vossa Majestade, a própria mãe e a jovem dama, uma falta de suma importância; mas foi contra si mesmo que ele incorreu no maior erro de todos. Perdeu a esposa, cuja beleza assombrou até mesmo os olhos mais experientes; cujas palavras cativaram a todos os ouvidos; cuja doce perfeição fez com que humildemente a chamassem de "minha senhora" até mesmo os corações mais esnobes e desdenhosos.

Rei – Avaliar o que está perdido reaviva a lembrança querida. Bem, chamem-no aqui, estamos reconciliados, e esta primeira audiência deve apagar toda e qualquer revisão dos erros passados. Que ele não nos peça perdão, pois está morto o motivo do seu maior crime, e já enterramos mais fundo que o esquecimento os ressentidos resquícios em brasa desse episódio. Que ele se aproxime como um estranho recém-chegado e não como réu; informem-no de que assim o deseja o rei.

Cavalheiro – Assim o farei, meu suserano.

Sai.

Rei – O que diz ele de sua filha? Já foi tratado este assunto?

Lafew – Tudo o que ele é está a serviço de Vossa Alteza.

Rei – Então teremos um casamento. Tenho aqui comigo uma carta de recomendação, e o remetente o tem em alta conta.

Entra o Conde Bertram.

Lafew – Ele parece estar bem, depois da guerra.

Rei – Não sou dia de uma única estação do ano, pois tu precisas ver em mim, ao mesmo tempo, céu ensolarado e chuva de granizo. Mas, aos raios mais brilhantes, as nuvens vão se abrindo para dar passagem; portanto, aproxima-te, que o tempo está bonito de novo.

Bertram – Profundamente arrependido de meus pecados, meu caro soberano, eu vos peço perdão.

Rei – Está tudo bem; agora, nem uma palavra mais sobre tempos idos. Vamos agarrar a ocasião pelos cabelos, pois estamos na velhice, e o passo do tempo é silencioso e inaudível e de repente nos pega de surpresa antes de conseguirmos pôr em execução nossos decretos de maior urgência. Você está lembrado da filha deste senhor?

Bertram – Lembro, e com admiração, meu suserano. Logo de começo, minha escolha recaiu sobre ela, antes mesmo de meu coração atrever-se a fazer de minha boca um arauto temerário. A visão por meu olhar fixada gravou-se em meu coração; desde a perspectiva deste meu coração, desdenhei, menosprezei e zombei dos traços de qualquer outro rosto, posto que me pareciam distorcidos, e já então não me importava uma pele bonita, e toda expressão me parecia ou pintada, ou distendida, ou retraída, sempre desproporcional, sempre odiosa. Foi por isso que aconteceu de todos os homens elogiarem aquela que perdi… e que, depois de perdê-la, passei a amar… enquanto que, para mim, ela era um cisco machucando os meus olhos.

Rei – É uma boa desculpa. O fato de que tu a amavas apaga algumas de tuas dívidas na grande contabilidade. Mas um amor que chega tarde demais, como um pedido de perdão que chega atrasado e cheio de remorso, para o salvador torna-se uma ofensa amarga, que grita "Que bom que se foi". Nossos erros imprudentes põem um preço insignificante em todas as coisas sérias que temos, desconhecendo-as até que nós conheçamos seu túmulo. Muitas vezes o nosso desprazer, ao nosso ver injusto, destrói nossos amigos para depois lastimar o pó que deles nos resta. O nosso amor acorda, então, e chora ao ver o que está feito, enquanto o ódio vergonhoso dorme a tarde inteira. Que seja este o dobre de finados pela doce Helen, e agora esqueça-se dela. Envie suas provas de amor à formosa Madalena. Você já tem de nós os principais consentimentos, e aqui permaneceremos para ver o dia do segundo casamento do nosso viúvo.

Condessa – Que, se Deus quiser e abençoar, será melhor que o primeiro! Senão, antes mesmo que eles se encontrem, queira a natureza que eu morra de morte morrida!

Lafew – Vamos lá, meu filho. Com você, o nome da minha família vai ser tragado. Agora me dê uma prova de seu amor por minha filha, para aquecer-lhe o espírito, para que ela queira encontrar-se com você.

Bertram entrega-lhe um anel.

Pela minha velha barba, e por todos os fios que ela tem, Helen, que está morta, era uma doce criatura: um anel exatamente igual a este, da última vez que dela me despedi, ainda na corte, eu vi em seu dedo.

Bertram – Esse anel não era dela.

Rei – Eu lhes peço que me permitam ver o anel, pois o meu olhar, enquanto estava falando, mais de uma vez fixou-se nele. Este anel era meu e, quando eu o dei para Helen, pedi a ela que, se alguma vez o destino a colocasse em situação na qual precisasse de socorro, bastaria mostrar esse presente, e eu a salvaria. Você teve a capacidade de privá-la daquilo que mais lhe traria benefícios?

Bertram – Meu bondoso soberano, embora seja de vosso agrado pensar assim, eu vos garanto que esse anel em particular nunca pertenceu a Helena.

Condessa – Filho, pela minha vida, eu a vi usando esse anel, e por ele tinha tanto apego quanto pela própria vida.

Lafew – Tenho certeza de que a vi usando esse anel.

Bertram – O senhor está enganado, milorde, ela nunca nem mesmo viu esse anel. Em Florença, ele me foi jogado de uma janela, embrulhado em papel, e no papel vinha escrito o nome daquela que o jogou para mim. Moça nobre, imaginou que com ela eu tivesse me comprometido. Mas, quando a coloquei a par de minha situação e disse a ela claramente que não poderia corresponder daquela maneira honrada com que ela havia me sondado, ela desistiu, pesarosamente convencida de meus argumentos, e não quis receber o anel de volta.

Rei – Nem mesmo Pluto, o alquimista, conhecedor de tinturas e elixires multiplicadores de ouro, conhecedor dos mistérios da natureza, nem mesmo ele conhece melhor que eu este anel. Ele era meu e foi de Helen, não importa quem o tenha dado a você. Então, se você sabe que se conhece bem a si mesmo, confesse que este é o anel dela e confesse a brutalidade com a qual você o tirou à força de seu dedo. Em minha presença, ela invocou os santos como testemunha de que jamais se separaria dele, a menos que fosse para dá-lo a você na cama, cama esta onde você nunca esteve, ou então para enviá-lo a nós no caso de um grande infortúnio.

Bertram – Ela nunca viu esse anel.

Rei – Tu estás mentindo tanto quanto eu tenho amor à minha honra. E tu estás levantando suposições para me sensibilizar, mas eu de bom grado prefiro tê-las eliminadas. Se pudesse ficar provado que tu és tão desumano... mas isso não se pode provar. E ainda não tenho como saber. Tu a detestavas até a morte, e ela está morta. E nada poderia me convencer de sua morte que não fosse eu mesmo fechar-lhe os olhos... ou então enxergar este anel. Levem-no daqui. As evidências de que disponho agora (e não importa como esse assunto vai terminar) bastam para mostrar que meus receios não eram tolos e não eram de menos; tolo fui eu, em não ter receado mais. Levem-no embora daqui! Vamos examinar este assunto em seus detalhes.

Bertram – Se vós conseguirdes provar que esse anel um dia foi dela, vós estaríeis provando que eu a tive como esposa, na cama, em Florença. Mas ela nunca foi a Florença.

Sai escoltado.

Entra o Cavalheiro.

Rei – Estou ocupado em pensamentos terríveis.

Cavalheiro – Meu bondoso soberano, se me faço inconveniente ou não, eu não saberia dizer. Eis aqui uma petição de uma florentina que em quatro ou cinco paradas de sua régia viagem desencontrou-se de vós por muito pouco; do contrário, teria ela mesma entregado este papel a Vossa Majestade. Tomei a mim a tarefa, conquistado que fui pela graciosa formosura e pelas palavras da pobre suplicante que, a esta hora, sei que está aqui presente, esperando resposta. O assunto mostra-se, através dela, com feição de importância, e ela, muito suave, me contou, num relato resumido, que o assunto diz respeito não só a ela, mas a Vossa Alteza também.

Rei *[lendo a carta]* – "Com suas insistentes promessas de casar-se comigo quando lhe morresse a esposa, envergonho-me de dizer, ele me conquistou. Agora que o Conde Rossillion está viúvo, está em dívida comigo e deve cumprir as juras que me fez, ao passo que a minha honra de donzela já foi paga a ele. Ele fugiu de Florença, sem se despedir, e eu o segui até o seu país em busca de justiça. Concedei-me justiça, ó Rei, pois em vós reside o poder para tanto. Do contrário, um sedutor de donzelas fica à solta e uma pobre moça está perdida.

Diana Capileto."

Lafew – É melhor eu comprar um genro na feira, e o conde eu ponho à venda para quem quiser. Não quero ter mais nada a ver com ele.

Rei – Os céus foram caridosos para contigo, Lafew, trazendo à luz esses fatos. Encontrem essas donzelas seduzidas. Vão, depressa, e tragam de volta o conde à nossa presença.

Saem os Serviçais.

Receio que a vida de Helen, minha senhora, tenha sido roubada de modo criminoso.

Condessa – Que a justiça puna os criminosos!

Entra Bertram, escoltado.

Rei – Fico me perguntando, *sir*, uma vez que esposas são monstros para você, e você foge delas assim que lhe promete casamento, por que será que deseja casar-se. Quem é essa mulher?

Entram a Viúva e Diana.

Diana – Eu sou, milorde, uma florentina desgraçada, descendente do velho Capileto. Minha petição, como já fiquei sabendo, o senhor está a par dela e, portanto, está sabendo até que ponto sou digna de piedade.

Viúva – Eu sou a mãe, *sir*, e minha longevidade e minha honra sofrem igualmente com a queixa que vos trouxemos; sem uma resolução vossa para o assunto, aqui e agora dou por acabadas minha longevidade e minha honra.

Rei – Aproxime-se, conde. Você conhece essas mulheres?

Bertram – Milorde, não posso nem vou negar que as conheço. Elas me acusam de algo mais?

Diana – Por que olhas de modo tão estranho para tua esposa?

Bertram – Ela não é nada minha, milorde.

Diana – Se te casares com outra, estarás entregando essa tua mão, e ela é minha; estarás entregando votos solenes, e esses são meus; estarás entregando a mim, que sou sabidamente eu mesma; porque eu, por votos e juras, sou tão parte do teu corpo que aquela que contigo se casar casa-se necessariamente comigo. Estarás te casando com as duas ou com nenhuma.

Lafew – A sua reputação não está à altura de minha filha, você não é marido para ela.

Bertram – Milorde, essa é uma criatura tola e inconsequente, com quem partilhei algumas risadas no passado. Espero que Vossa Alteza tenha em melhor conceito a minha honra de nobre e não imagine que eu iria querer afundá-la desse modo.

Rei – *Sir*, quanto ao que eu imagino ou não, uma coisa é certa: meus pensamentos não te serão simpáticos até que as tuas ações me convençam do contrário. Prova que a tua honra é melhor do que se desenha em meus pensamentos.

Diana – Meu bom lorde, perguntai a ele sobre o juramento que me fez: se ele pensa que não me tirou a virgindade.

Rei – O que tu respondes a ela?

Bertram – Ela é uma sem-vergonha, milorde, e era prostituta conhecida no acampamento militar.

Diana – Ele está me injuriando, milorde; se eu fosse isso, ele poderia ter me comprado a um preço razoável. Não acrediteis nele, *sir*. Ah, olhai para este anel, uma joia ímpar em seu alto valor e em sua alta e honrada significação; e, apesar de tudo isso, ele deu este anel para uma meretriz de soldados... se é que, como ele diz, eu sou uma.

Condessa – Ele ficou vermelho, a moça acertou no alvo. Essa joia pertenceu e foi usada por seis ancestrais antes dele, sempre conferida por testamento ao herdeiro[32] seguinte. Essa moça é a esposa dele, e o anel vale por mil provas.

---

32. Na nobreza da Inglaterra, herdeiro é tão somente o primeiro filho homem. (N.T.)

Rei – A mim me parece que você tinha dito que viu aqui na corte alguém que pode testemunhar isso.

Diana – Sim, milorde, mas detestaria ter de apresentar testemunha tão mau-caráter. O nome dele é Parolles.

Lafew – Eu vi o homem hoje, se é que é um homem.

Rei – Encontrem-no, e tragam-no aqui.

Sai um Serviçal.

Bertram – O que tem ele? É reconhecidamente um escravo, um pérfido, com todos os vícios do mundo, tanto que o reprovam por depravado. É de natureza tal que fica doente se tem de falar a verdade. Serei julgado isso ou aquilo ou aquilo outro em função do que ele disser, esse que fala qualquer coisa que o outro quiser ouvir?

Rei – Ela tem um anel que é seu.

Bertram – Penso que sim. Está certo que um dia eu gostei dela, e montei a moça no modo lúbrico da juventude. Ela conhecia bem a distância que nos separava e armou contra mim, enlouquecendo a minha sofreguidão com o seu recato, posto que todos os obstáculos na trajetória que leva ao amor que se fantasia geram mais e mais fantasias e, em resumo, sua astúcia incomum, juntamente com sua beleza comum, fizeram com que eu me submetesse ao preço dela. Ela ficou com o anel, e eu tive aquilo que qualquer subalterno pode comprar na feira bem baratinho.

Diana – Devo ter paciência. Você, que desprezou uma primeira esposa tão nobre, pode com justeza restringir-me a uma dieta espartana. Só lhe peço ainda uma coisa (uma vez que você não é virtuoso, prefiro perder o marido): mande buscar o seu anel, eu o mando de volta para casa; e me devolva o meu.

Bertram – Não está comigo.

Rei – Como é o seu anel, por favor?

Diana – *Sir*, muito parecido com o mesmo anel em vosso dedo.

Rei – Você conhece este anel? Era ele quem o estava usando até há pouco.

Diana – Foi o anel que dei para ele, na cama.

Rei – Essa história então é mentirosa: você jogou o anel para ele de uma janela.

Diana – Eu disse a verdade.

Entra Parolles.

Bertram – Milorde, eu confesso que o anel era dela.

Rei – Você avança, hesita, recua, vacila, tudo com muita sagacidade, por sinal. A cada pluma que se agita você se agita também. É esse o homem de quem você fala?

Diana – Sim, milorde.

Rei – Diga-me, criatura... mas diga-me a verdade (pois essa é uma ordem minha), diga sem medo de desagradar ao seu mestre, pois manterei afastado o desgosto dele da sua conduta justa: sobre esse homem e essa mulher aqui, o que é que você sabe?

Parolles – Se me permite Vossa Majestade, meu mestre tem sido um cavalheiro da nobreza, sempre preocupado com sua honra. Umas trapaças aqui e ali são coisa própria de cavalheiros.

Rei – Ora, vamos, direto ao ponto. Ele se apaixonou por essa mulher?

Parolles – Por minha fé, *sir*, ele se apaixonou. Mas, de que modo, pergunto eu.

Rei – "De que modo" lhe pergunto eu.

Parolles – Ele se apaixonou por ela, *sir*, como um cavalheiro apaixona-se por uma mulher.

Rei – E como é isso?

Parolles – Ele estava apaixonado, *sir*, e também não estava.

Rei – Assim como tu és um vivaldino, e também não és. Que sujeitinho mais cheio de ambiguidades, esse aí!

Parolles – Sou um homem pobre, às ordens de Vossa Majestade.

Lafew – De tambor ele é bom, milorde, mas, como orador, nem tanto.

Diana – Você sabe que ele me prometeu casamento?

Parolles – Por minha fé, eu sei mais do que é meu desejo falar.

Rei – Mas então você não quer falar tudo o que sabe?

Parolles – Sim, se me permite Vossa Majestade. Servi de menino de recados entre os dois, como já disse, mas, mais que isso, ele se apaixonou por ela, pois, deveras, ficou louco por ela e falava de Satã e do Limbo e das três Fúrias, deusas da vingança, e sei lá do que mais. Porém, posto que eu era pessoa da confiança deles naquele tempo, e sabia sobre eles terem ido para a cama, e sabia sobre outras propostas, como ele ter proposto casamento a ela, e sabia coisas assim que me deixariam mal na história se eu falasse, então eu prefiro não falar o que eu sei.

Rei – Agora tu já falaste, a menos que possas dizer que eles estão casados. Mas tu és sutil demais como testemunha; portanto, chega para o lado. Este é o anel que você diz que era seu?

Diana – Sim, meu bom lorde.

Rei – Onde você o comprou? Ou de quem você o ganhou?

Diana – Ninguém me deu esse anel, e também não foi comprado.

Rei – Quem lhe emprestou o anel?

Diana – Também não foi emprestado.

Rei – Onde foi que você achou este anel?

Diana – Não achei o anel.

Rei – Se de nenhuma dessas maneiras o anel era seu, então como você pôde dar o anel para ele?

Diana – Eu não dei esse anel para ele.

Lafew – Essa mulher é uma luva folgada, milorde, que nos veste e desveste a mão quando bem entende.

Rei – Este anel era meu, eu o dei de presente para a primeira esposa dele.

Diana – Por tudo que eu sei, o anel tanto pode ser vosso como pode ser dela.

Rei – Levem-na embora daqui, que não estou gostando dela agora. Para a prisão com ela; e ele também, fora daqui. A menos que tu me digas aonde foi que tu conseguiste o anel, tua morte está marcada para daqui a uma hora.

Diana – Eu nunca vou contar.

Rei – Levem-na daqui.

Diana – Posso oferecer uma fiança, meu suserano.

Rei – Agora penso que és realmente uma rameira.

Diana – Por Júpiter, se algum dia me deitei com homem, foi com vós, Majestade.

Rei – E por que este tempo todo estás acusando a ele?

Diana – Porque ele é culpado e não é. Ele sabe que não sou donzela e pode jurar que não sou; eu posso jurar que sou donzela, e ele não sabe disso. Meu excelso rei, não sou meretriz, juro por minha vida. Se não sou donzela, sou a esposa daquele velho.

Apontando para Lafew.

Rei – Essa aí maltrata os nossos ouvidos. Para a prisão com ela!

Diana – Minha mãe querida, vá buscar a minha fiança.

Sai a Viúva.

Um momento mais, meu senhor da casa real. Mandei chamar o joalheiro dono desse anel, e que pode dar garantias por mim. Quanto ao conde, que abusou de mim, como ele sabe que fez, embora nunca me tenha feito mal, aqui e agora eu o absolvo. Ele sabe que violou a minha cama, e naquele mesmo momento ele engravidou a esposa. Embora esteja morta, ela pode sentir o bebê chutando dentro de si. Este é o meu enigma para todos os senhores: quem está morta está viva. E, agora, vejam o que quero dizer com isso.

Entram Helena e a Viúva.

Rei – Não temos aqui um exorcista que esteja enganando o real sentido da minha visão? O que vejo é verdade?

Helena – Não, meu bom lorde, o que veis é tão somente a sombra de uma esposa, é o nome e não a coisa.

Bertram – É os dois, é os dois! Ah, perdão!

Helena – Ah, meu bom lorde, quando eu era aos seus olhos como essa donzela, eu o tinha na conta de um homem bom. Ali está o seu anel e, veja, aqui está a sua carta, que diz o seguinte: "Quando tu conseguires ter o anel que trago no dedo, e que deste meu dedo jamais sairá, e me mostrares um filho por teu corpo parido e de quem seja eu o pai" etc. Isso está feito. Agora que você foi duplamente conquistado, ainda quer ser meu?

BERTRAM – Se ela, meu suserano, provar claramente o que diz, eu a amarei de todo o coração, para sempre e sempre, de todo o coração.

HELENA – Se não ficar claro e se não ficar provado, vou querer entre nós dois um divórcio que dure para até depois da morte. Ah, minha querida mãe, ainda a vejo com vida?

LAFEW – Meus olhos estão sentindo cheiro de cebolas, e já vou começar a chorar. *[Dirigindo-se a Parolles:]* Meu bom Nestor Tambor, empresta-me um lenço. Sou-te agradecido. Acompanha-me até a minha casa, que você vai me fazer rir. Deixa para lá essas mesuras, que elas são horrorosas.

REI – Vamos ouvir essa história de ponta a ponta; que a verdade revele-se em sua plenitude, e que ouvi-la possa ser prazeroso. *[Dirigindo-se a Diana:]*

> *Se ainda és flor fresca que ninguém colheu,*
> *escolhe o marido, que o dote banco eu.*
> *Imagino que a tua honesta ajuda a ela*
> *fez de Helena esposa e te manteve donzela.*
> *Para todas as dúvidas dissipar*
> *Tudo nos será contado devagar.*
> *Por ora, parece bem; se acabar bem...*
> *O amargo já passou, e doce é o que vem.*

Fanfarra.

EPÍLOGO – O rei é um mendigo, agora que a peça acabou. E tudo acabou bem se esta foi uma causa bem defendida... para que no fim vocês expressem o seu contentamento. Esse contentamento nós retribuiremos com esforço sempre redobrado para agradar aos senhores e às senhoras, dia após dia. Será nossa a vossa paciência em ouvir, e será vossa a nossa parte ao atuarem: ao nos darem uma salva de palmas, nós vos damos os nossos corações agradecidos.

Saem.

SOBRE A TRADUTORA

BEATRIZ VIÉGAS-FARIA é tradutora formada pela Universidade Federal do Rio Grande do Sul (1986), com especialização em linguística aplicada ao ensino do inglês (UFRGS, 1991). Em 1999, concluiu mestrado na Pontifícia Universidade Católica do Rio Grande do Sul em linguística aplicada, com dissertação sobre a tradução de implícitos em *Romeu e Julieta*. Em 2004, concluiu doutorado com tese sobre tradução de implícitos em *Sonho de uma noite de verão* na mesma instituição. Em 2003, realizou pesquisa em estudos da tradução e tradução teatral na University of Warwick, Inglaterra. Começou a trabalhar com traduções de obras literárias em 1993 e, desde 1997, dedica-se também a traduzir as peças de William Shakespeare. É professora adjunta da UFPel. Em 2000, recebeu o Prêmio Açorianos de Literatura pela tradução de *Otelo* e, em 2001, o Prêmio Açorianos de Literatura com a obra *Pampa pernambucano (poesia, imagens, e-mails)*.